新潮新書

石川幹人
*ISHIKAWA Masato*

# 「超常現象」を本気で科学する

571

新潮社

# はじめに

「超常現象」とは、物理学をはじめとする現在までの自然科学の知見では説明のつかない諸現象のことを指します。これまで人類が積み上げてきた科学の体系に反するのですから、現代の科学者のほとんどは超常現象から目をそむけてしまいます。

しかし、科学の歴史は、それまで説明のついていなかった諸現象のメカニズムを解き明かしてきた歴史でもあります。例えば、カミナリのメカニズムを知らない時代の人々にとっては、稲妻《いなずま》の輝きや激しく轟《とどろ》く雷鳴は、「神の怒りだ」などとされる、まさに超常現象だったはずです。ところが、そのカミナリという現象への関心が自然科学を発達させたのですから、「超常現象こそ科学が対象とすべきもの」とも言えそうです。

じつは、科学者が超常現象を無視するようになってしまった理由は、単に自身の科学観に反するからだけではありません。幽霊にまつわる現象がよい例ですが、そこにはとかく得体の知れぬ恐ろしさがつきまとっているため、奇異さや恐怖に人の心が惑わされてしまい、すでに科学的に解明されていることでさえも、世間には迷信がこびりついたままなのです。このため、幽霊に関係する研究を進めるには、そのやっかいな迷信といちいち対峙しなくてはならなくなります。その上、悪意のない迷信ならまだしも、悲しいことには、それを逆手にとった詐欺的行為までが横行しているので、下手をすれば科学者も知らぬ間に片棒を担がされかねません。要するに、多くの科学者たちは、超常現象の研究にまつわる、もろもろの煩《わずら》わしさにうんざりしているのです。

しかし、それでも私は、恐怖や迷信などの非科学性をていねいに取り除き、超常現象という未知の領域に真摯に取り組めば、そこから得られる科学的成果は、これまでの諸科学の成果とも整合し、ひいては新たな世界観が生み出されるはずだと考えています。

本書は「幽霊はいる」とか「超能力は存在する」などと超常現象を肯定するためのものでもなければ、その逆でもありません。そうではなく、超常現象について、今現在、「実際に何がどこまで分かっているか」、「何がどのように謎なのか」を皆さんに紹介しながら、「いかに未解明の現象に取り組んでいくべきか」という「科学的思考」を身につけていただくことを第一にしたいと思っています。

本書は、あくまで本気の科学の本です。

# 「超常現象」を本気で科学する●目　次

図版製作＝菅沼万里奈
写真提供＝ライン研究センター（92頁）
共同通信社（141頁）

# 序　章　なぜ超常現象を科学するのか

## 幽霊は役に立つ？

あなたは幽霊の存在を信じていますか？

信じているという人もいれば、信じていないという人もいるでしょう。また、半信半疑でどちらともいえないという人や、考えたこともないという人もいるはずです。

信じていない人は、多くの場合、「幽霊なんか科学的にありえない」とか、「幽霊体験なんてすべて錯覚、幻想だ」などと、しばしば語気も鋭く否定します。たしかに科学的に幽霊の存在が確かめられているわけでもない上に、自分自身が幽霊を見たことも感じたことも無いとなると、そう考えるのも当然です。

しかし一方で、信じている人の多くは、信じる信じない以前に、自ら実際に幽霊と思われる存在を見たり感じたりする体験をしています。なかには少数ですが、いつも身近に幽霊の存在を感じているという人もいます。

それだけに、幽霊体験のある人たちは、幽霊の存在を否定されると、同時に自分の体験そのものを否定されたというやり場のない憤りを感じることになります。しかし、自分の感覚では確かなものでも、他人に証明することが難しいため、自分の体験は人には理解されないのだ、という気持ちを強くして口をつぐむようにもなるのです。

こうした傾向は、大学で学生たちをアンケート調査した結果からも裏付けられます。「超常現象について否定的か肯定的か」を問うと、否定的な学生が約四割、肯定的な学生も同じく約四割と勢力は拮抗しているのですが、つづけて「一般多数の意見はどうだと推測するか」と問うと、なんと否定が約七割に上昇し、肯定は約一割に減少します。つまり、実態以上に周囲が超常現象に否定的だと多くの人が信じ込んでいるのです。

ですから、体験者が見たり感じたりしたものが、本当に幽霊であったかどうかはともかく、そうした体験をしたことが事実であるならば、体験者がおしだまっていることは、科学のためにもよいことではないでしょう。多様な体験や経験と、さまざまな考え方が交り合うところにこそ、新しい知恵は生まれるものであるからです。幽霊に肯定的な人も否定的な人も、たがいに相手の立場を理解して議論を重ねることが理想です。

では、この相互理解の壁になっているのは何でしょうか。幽霊の存在について考えるとき、じつは肯定派も否定派も、現実はひとつなのだから幽霊はいるかいないかのどちらかだ、ということを前提にしがちです。しかし、そうするとどちらかは正しく、他方は誤っていることになりますから、白黒つけようと双方が対立の深みにはまるのです。

そこで私は、「幽霊はいるのか」ではなく、「幽霊は役に立つのか」という視点を持つことを提唱しています。意外に思われるかもしれませんが、この「役に立つのか」という見方をすると、「ほんの少ししか役に立たない」、「私にとってはやや価値がある」、「こんな場合には思いのほか意義がある」などと、中間的な主張が可能で、そこから新たな理解が広がるのではないかと私は考えています。

本書では、心理学や生物学、生理学などの最新成果を交えて、幽霊体験に代表される、いわゆる超常現象を科学的に追究していきながら、この「役に立つのか」という視点によって科学的思考を深めていきます。また、並行して超能力現象についてこれまでに闘わされてきた議論を整理していきますが、そこには否定されるべきものもあれば、今後の科学の発展に有効だと思われる知見もひそんでいるのです。

これまで、幽霊の存在が科学的に支持されたことはありませんが、一方で、現代の科学では説明しきれない超常的な現象が確認されていることもたしかなのです。それを本書では、あえて広く「超常現象」と呼びますが、この現象を考えるときに、役に立つのかどうかという視点が有効になってくるのです。

## エセ科学の撲滅

最初にはっきりと断っておきますが、私はオカルトの信奉者ではありません。それどころか私は大学で、オカルトやエセ科学、疑似科学の非科学性、反社会性を説く、「科学リテラシー」という授業科目をながらく受けもっています。

科学リテラシーとは、「科学的な思考方法を理解して、科学の成果を正当に扱い、科学と社会の関係を適切に結び付けることができる素養」のことを指しますが、講義では科学的思考の反面教師として、オカルトやエセ科学などの危険性や問題点を取り上げながら、詐欺などに騙されないように、実生活上の注意も促しています。

この科目を履修する学生の多くは、高校を卒業したばかりの文系の新入生です。そのためか、受講者のほとんどが、「科学」というと「最初から答えが決まっているもの」、あるいは、「物事を理論に当てはめるもの」という印象をもって授業に参加してきます。

そこで、私は講義の最初に次のように話さなければなりません。
「君たちの科学への印象には大きな誤解があります。科学とは、先に理論や何かの正解があるのではなくて、経験から出発して私たちを取り巻く世界を理解していくための実績ある方法なんです」

ニュートンが木から落ちたリンゴを見て発見したという逸話で知られる万有引力の法則も、私たちが日常的に経験する落下という現象にニュートンが注目したことから始まります。ニュートンは物体の落下には引力という力が働いているという仮説を立て、さまざまな実験でこれを検証し、それがニュートン力学へ発展したのです。科学はそうして過去の人類のさまざまな体験、経験を理論化、体系化してきた積み重ねによって成り立っているものなのです。

これは、物理や化学といった自然科学にとどまりません。経済学や心理学なども、社会科学、人文科学といった科学の一分野に位置づけられているのです。

「観察→仮説→検証→理論化」という「科学的思考方法」に基づいているからこそ、社会科学、人文科学といった科学の一分野に位置づけられているのです。

「一般社会には、○○が発見されたとか、△△の原因は××だったとか、科学研究における最終成果だけが知らされるので、科学はつねに確実なもの、権威あるものと誤解されがちなんですが、科学的に結論の出ていないことは山ほどあります。ところが、エセ科学がこうした誤解につけこみ、珍説や珍理論によって多くの人々を騙しているというのに、これが社会的に放置されたままなんです」

エセ科学、疑似科学とは、文字通り科学の名を騙《かた》った非科学です。学生たちに疑似科学にまつわる問題点を説明するとき、私がよく例にあげるのは健康食品の広告で、そこに使われている文言やデータを科学的に考察してみせます。

「美肌にコラーゲン含有食品が効くという宣伝がありますね。皆さんはまだ心配いらないでしょうが、肌のコラーゲンはたしかに年をとると失われていきます。ですから、広告に載っている肌の危機をうったえるグラフは、その点では正しいデータ表示ではあります。問題は、だからといって、コラーゲンを摂取すると良いとは科学的には言えないことです。ここに論理の飛躍が隠れています」

その手の広告を信じていた学生もけっこういたのか、教室が少し熱気をおびてきます。

「これは、頭が薄くなってきたからといって、じゃあ髪の毛を食べましょう、とはならないのと同じなんです。肌の衰えの本当の原因は、健康な肌の生成に必要なさまざまな栄養素を人体の適切な場所に運び、かつ適切に合成するという体内の一連の仕組みが、年をとって衰えたり壊れたりしているためなんです。だから、コラーゲンを食べるだけではお肌の健康にはほとんど役に立ちません」

こうした講義は学生の反応も高いのですが、それは、授業や教科書はすべて「正しい」と信じてこれまで受験勉強を続けてきた学生たちにとって、じつは身のまわりに「疑わしい」ことがはびこっているという現実が、なかなか衝撃的だからなのでしょう。

## 宗教と科学の違い

「科学的にありえない」という指摘は、右のような疑似科学を撲滅することには効果があります。幽霊などについても、「科学的にありえない」としておけば、幽霊を信じる人の心につけこんだ霊感商法やカルト宗教を社会から排除できる意義もあります。それに、現在の自然科学的世界観から見れば、物質的な世界の中には幽霊を位置づけられていないので、現在の自然科学からすればありえないというのは妥当な主張なのです。

しかし、「科学的にありえない」という指摘は、ときには科学の将来性、発展性を阻害してしまう問題もあります。科学は進歩発展していくものなので、いま定評のある理論であっても、のちにくつがえることがあります。逆に、たわいもないとされた考えが、あとでじつは意外に正しかったとされることもあります。いま天動説を信じている人はほぼ皆無のはずですが、ある時期までは天動説があたりまえで、地動説をとる人の方が異端だったのはご存知の通りです。科学の成果への評価は、時代とともに変化します。

もっとも、幽霊を肯定する人々が、自説にこだわるあまりにそこを突いて、「科学にも限界がある」などと反論し、科学そのものを否定する議論を展開しがちなのは問題です。こうした反論にもなっていない言説は無益である上に、科学への誤解をさらに深めてしまいます。

科学の世界では、現在の理論にあてはまらない現象が新たに観測されても何の不都合もありませんし、これまで観測されてきた現象の中に、理論化、体系化できていないことが数多くあるのも当然なのです。本来の科学的思考は、「わからない」ことや「理論に当てはまらない」ことがあることを否定しません。科学は、科学が完全無欠であることを前提にはしていないのです。

しかし、私たちを取り囲むこの世界を捉え、体系化して理解する方法として、科学的思考を超える適切な方法もまたないのです。だからこそ、科学を否定するのではなく、科学的な方法をもってして、幽霊などの超常現象にどれだけ迫れるかということこそが、重要な論点になるのです。

私の専門は、ものの見方や考え方を究明する「認知科学」という学問分野です。従来の心理学に脳科学や生物学の知見を加えた文理融合的な人間科学として、認知科学は近年大きく発展しています。そして、この認知科学の観点からすれば、幽霊体験であっても、その人に幽霊が見えている以上、どのようにして見えているのかという認知の仕組みがれっきとした研究対象となるのです。

私が幽霊の研究をしていると知った学生から、「先生は幽霊の存在を信じているんですか」という問いかけをよく受けますが、「信じていません」と答えると不思議がられます。幽霊のことを研究しているくらいだから、きっと信じているに違いないと考えるのでしょうが、私は科学者なのです。

宗教が「信じる」ことから出発するとすれば、科学は「信じずに距離をおく」ことから出発するという原則が、学生に限らず世間ではよく理解されていないようです。

もし、「幽霊は存在する」という仮説を立てるのであれば、その仮説からはどのような事象が起きると予測できるだろうか、その予測は次に得られる経験と合致するだろうか、などと検証していくことが科学的思考です。もとより検証がうまくいかなければ、いさぎよく仮説を捨てなければなりません。ですから、信じていると公正な考察が妨げられるのです。

幽霊体験の背後には通常、「霊魂説」が控えています。人間の肉体には霊魂が宿り、死後に霊魂だけが肉体から離れて霊界へ行くが、この世に生きる私たちも、肉体から離れて浮遊している霊魂と、ときに何らかの交流や交信ができる、という説です。

もとより実証されているわけではありませんから、霊魂説とは科学的にはまさに仮説にすぎないわけですが、体脱体験や臨死体験、霊視や憑依などの現象が、この霊魂説を支えるとされます。しかし、そうした諸現象を人間の通常の心理的・生理的現象がもたらした錯覚であるとする仮説も有力で、もちろん霊魂説は決定的ではありません。

## 心霊研究から超心理学へ

さて、では超常現象が科学の世界でどのように研究されているかというと、じつは古典的な幽霊体験より、現在はいわゆる「超能力」へと注目すべき研究テーマが移っています。超能力とは、透視やテレパシーといった未知の能力の総称ですが、超能力と幽霊体験には、かなり共通するところがあります。幽霊体験の多くは、一種の超能力による事象として説明できますし、逆の説明もまた可能だからです。

歴史的にも、一九世紀末から幽霊体験を究明する「心霊研究」と呼ばれたものがありましたが、これが二〇世紀に入って厳密な科学的手法に則った研究に改められ、超能力研究へと展開し、「超心理学」と呼ばれる研究分野になったという経過があります。

そして、超心理学は長年の研究によって、小さな効果ではありますが、超能力とみられるいくつかの現象を実験的に確認しているのです。

さて、認知科学の中でも、私がずっと取り組んでいたのは、人間の思考過程をコンピュータ上に実現する「人工知能」と呼ばれるものの技術開発です。人間よりコンピュータの方がずっと賢いと思っている人が多いかもしれませんが、じつは優秀な技術者によって、賢いふるまいをあらかじめ覚え込まされているのでそう見えるだけです。実際は、白紙の状態では、人間が日常生活であたりまえにこなす会話を理解することさえ、コンピュータには難しいのです。人間の賢さの根源はまだ闇の中であり、そこに科学の未踏領域があると私は感じています。

そして、ことによるとその賢さは、現在のところ超能力とされている現象と何か関係があるのかもしれないと考えています。なぜなら、テレパシーとされてきたような効果をわずかでも人間が発揮しているのならば、人間同士の会話理解が今のコンピュータよりうまく行くのは、それほど不思議ではなくなるからです。

そこで私は、二〇〇二年から米国東部の名門大学であるデューク大学に客員研究員として滞在し、同大学に隣接する超心理学の世界的研究拠点として知られるライン研究センターにて一年間、超心理学の研究にあけくれました。

その間、私は多くの超心理学者と交流し、超心理学が真摯な姿勢で取り組まれている科学研究であるとあらためて認識しました。また超心理学の成果が、私たちの世界観を大きく拡大する潜在的可能性を示していることも実感しました。

今でも、「超能力研究などは疑似科学だ」という主張は数多くあります。しかし私は、自らの見聞、研究経験を通して、超心理学は今後の科学の発展に向けて、注目すべき学問分野であると考えています。

## 「はん幽霊論」への招待

こうした研究遍歴の末、数年前から私は、「はん幽霊論研究会」という会合を不定期に開催しています。「はん幽霊論」の「はん」がひらがな表記であるのは、そこに

「反・半・汎」という三つの異なる意味をもたせたためで、この本の三部の名称も、ここからあてています。

研究会では、物理学者や生物学者などの自然科学者に加え、心理学者、哲学者、人類学者といった人文科学者、さらには幽霊や霊界の存在を主張するスピリチュアリストがひとつのテーブルを囲んで、いろいろな超常現象について学術的に議論します。

しかし、こうした研究会の討議では、参加者が幽霊などの超常現象について否定的な姿勢をとるか肯定的な姿勢をとるかで、議論の方向がつねに揺らいでしまいます。そこで、私はあえて「はん幽霊論」というキーワードを考案し、議論の方向を主に三つに整理したのです。

まず、研究会で霊界にまつわる説を吟味すると、合理的な根拠がないと否定されることが多くあります。また、幽霊体験を分析するときには、幽霊のように見えただけであって、いまの科学で説明可能な通常の現象であることも多いのです。例えば、いわゆる「火の玉」が、じつは自然放電による発光現象にすぎない、といったことです。そうすると、やはり幽霊や霊界は存在しないという結論に至りやすく、研究会の議論はたびたび、スピリチュアリストなどには厳しい「反」幽霊論になっていきます。

しかし、幽霊にかかわる現象のうち、研究会で肯定されるものもあります。科学的方法にのっとった超心理学では、幽霊自体の存在がそのまま肯定されるわけではないものの、幽霊のしわざとされた超常現象の存在の一部が支持されます。つまり、その現象が幽霊によるかどうかは分からなくとも、現代物理学ではまだ説明できていない「何か」が作用している可能性を見るのです。その意味で研究会の議論はときに、超心理学に半ば期待を寄せた「半」幽霊論へと展開するのです。

さらに、心理学の既存理論と超心理学の成果が折り合える点を探ると、そこには新たな展望が生まれます。超常現象だけではなく、現代科学に沿った日常的な現象を含めてもっと広汎に考えると、この未知の分野から科学に貢献できる「汎」幽霊論へと発展する兆《きざ》しが見えるのです。

これまで、超常現象に関する議論は不毛すぎました。私は、個人的な幽霊体験などと、既存の科学的世界観のあいだの溝が、これまで強調され過ぎていたのだと考えています。しかし、そうした体験の共通性を見きわめていけば、そこから得られる科学的成果によって深い溝は埋められ、たとえば「いる／いない」に終始する幽霊論争における無用な対立も解消されていくはずです。

# 「反」の部——幽霊をめぐる非科学的主張に反論する

超常現象というと、その対象は意外に広く、一般的にはUFOやネッシーもそこに入るわけですが、この本では代表的な超常現象として、まず幽霊に注目します。

そして、最初に指摘しておきたいのは、幽霊を頭から否定するわけではありませんが、世間で報告される幽霊体験の多くは、すでに現在の科学によって十分に説明がつき、幽霊のしわざとは到底考えられないものであることです。とくに、最近めざましく発展した、人間の認知機能や人体の生理機能の研究にもとづけば、幽霊体験の誤解や迷信について、従来よりも明瞭な説明ができます。

残念なことに、こうした科学的な成果はなかなか世間に知られないので、いまだに幽霊に由来する恐怖心を悪用して、魔除《まよ》けの壺などの霊感グッズを売りつけたり、新興のカルト宗教へと勧誘したりする人々が現れ、社会的な問題となっています。

そこでこの「反」の部では、悪用する人々の思惑を無力化するべく、典型的な幽霊体験や目撃報告の主張に対して、科学的成果にもとづく反論を加えていきます。

科学的なものの見方や考え方を身につけていけば、幽霊現象が悪用される背景に、人間がもつ恐怖感情などの心理的・生理的機能があることが自ずと理解できるでしょう。危険への予感や漠然とした不安が人に幽霊を見せ、恨みやねたみが呪いなどの迷信を深めさせているのです。現代に生きる私たちはもはや、こうした「怖い幽霊」とでもいうべきものに悩まされる心配は何もありません。

しかし、もし幽霊などの超常現象からこの恐怖を取り除くと、その後には何も残らないのでしょうか。科学的考察を経たうえでも「何か」が残るのであれば、それを超常現象にまつわる議論の出発点としたいのです。

この点について、私自身がどう思っているのかと問われれば、「何か貴重なものが残る」と見込んでいます。むしろ、これまで恐ろしさが際立っていたので、その貴重なものに目が向けられてこなかったのだと考えているのです。そして、それをしっかりと把握するためにも、この「反」の部で、超常現象から恐怖を取り除く作業を徹底して行っていきたいと思います。

# 第一章　幽霊が見えた？

## ホラー番組の取材

幽霊を研究テーマにしている大学教員が少ないためか、毎年夏になると、テレビ番組の制作会社の方々から幽霊現象、幽霊体験についてのコメントをよく求められます。

「どうして幽霊はここに姿をあらわしたのでしょうか」、「なぜ幽霊はこんなに恐ろしいんですか」と、心霊写真などを示されながら聞かれるのですが、私は、「幽霊が見えたってぜんぜん不思議ではありません」、「幽霊が怖いのはある種の錯覚です」と答えます。

すると番組スタッフは、とまどいながらも「それはどういうことですか」と重ねて疑問を投げかけてきます。真摯な問いにはこちらも誠意を尽くします。私の説明は一時間以上におよび、図解も身振り手振りも使えない電話取材だとさらにたいへんなことになります。

しかし、「ありがとうございました」と一応お礼は言われるものの、番組で私のコメントがとりあげられることはまずありません。後でその理由を尋ねると、「視聴者にはわかりづらい」などという返答です。もちろん、夏に涼をとる定番のホラー番組に、私のコメントが不適当なのは重々承知です。なにしろ「幽霊は不思議ではない。怖くもない」と番組の根幹を揺るがすようなことを言うのですから。

制作会社は、ふさわしいコメントを言う人を別に探し当てて番組に登場させていました。私も、「ことによると地縛霊かもしれませんねえ」などと番組の意図に合わせたことを言ってあげれば良かったのかもしれませんが、そこは研究者の意地が許しません。

そもそも、テレビはビジネス上、「不安をかきたてる番組」を好みます。視聴者の多くが「不安なこと」に敏感なので、そうした打ち出し方をした方が視聴率も上がるのです。テレビだけでなく映画や出版など他のマスコミも同様で、私が人々の不安を軽減するために努力しても、その主張がとりあげられないのは当然なのです。

しかし、彼らがコメントを没にした理由にする「わかりづらい」という指摘は、私のような教員を鼓舞する言葉でもあります。わかりづらい概念を「いかにわかりやすく授業するか」が職業上の使命なのですから、「なんとかするぞ」と、ますます発奮してしまいます。

そこでまず、テレビ番組ではなかなか日の目を見ることのなかった、幽霊体験に対する科学的な見方を紹介しながら、幽霊が見えてもとくだんの不思議ではないこと、幽霊が怖いのは錯覚であることなどをわかりやすく説明していきたいと思います。マスコミ一般の姿勢とは異なり、人間を悩ます恐怖や不安の解消を目指すのです。

### それが顔に見える理由

学校の怪談では、古い校舎のキズだらけの壁から少女や少年の顔が浮き出てくるのが定番です。現れたものは、「かつて不幸にも亡くなった生徒の霊である」などとされ、さらには、「遊び仲間を誘っているが、安易に誘惑にのるとあちらの世界に連れていかれる」と物語が膨らんで、恐怖が恐怖を生んでいきます。

このように、キズだらけの壁には怖い幽霊がたびたび現れるのですが、その科学的な理由には大きく次の二つがあります。
①人間の認識機能が「顔」に対してたいへん敏感であること。
②恐怖という感情に対する人間の反応がきわめて素早いこと。

この二つはともに、人間が生き残るのに寄与してきた貴重な心理機能なのです。まず、顔に対する認識機能について説明しましょう。

31頁に掲げた図1のⓐは、現実にどこにでもあるような「キズだらけの壁」を示しています。キズのいくつかが、偶然にも目と鼻と口の位置関係になっていますが、人間がこの壁を見たときに、とっさに「顔がある」と認識するのは不思議ではありません。顔に対する人間の認識機能は特別に高度で、手足といった他の身体部位を対象とした認識に比べて、非常に洗練されているからです。

たとえば木陰に誰か人が立っているとします。このとき、木の枝や葉にさえぎられて顔の一部しか見えていないとしても、私たちはそこに人間が立っていることを容易に認識します。もし立っているのが知っている人であれば、それが誰それであるということもおそらく瞬時に判定できます。人間は社会的関係のもとに生活しているので、この能力はかなり重要なものです。立っている人が仲間であるか敵であるかによって、ときには異なる行動をとる必要も出てくるからです。

また、この顔認識機能は、反射的に、つまり無意識のうちに働きます。意識的に「あそこに顔らしきものがある。では、誰の顔かよく調べてみよう」などと思考するわけではありません。無意識による反射的な処理が終わったあとで、「あれは隣の山田さんだ」といった結果だけが意識へといきなり登場してくるのです。

つまり、「キズだらけの壁」を見たときに、「そこに人間は存在できない」という理性的な思考が働く前に、木陰に人影を見るときと同様の認識機能が自動的に素早く働いてしまうのです。しかし、こうした認識機能が自分に備わっていると理解していれば、「誰かいる!」と思った後であっても、「ただの壁にすぎなかった。顔認識機能の誤りだったんだな」などと、理性的に反省することができるはずです。

もっとも現実には、ことはそう単純ではなく、「顔がある」という最初の認識がありとしていればいるほど、この問題は根深くなります。たとえあらためて壁に近づいて、「これはキズだらけの壁にすぎない」と確かめても、「しかし、さっきまではたしかに幽霊がいた」と解釈することが、依然として可能だからです。

このとき私たちの心の中では、「キズだらけの壁」という現実(図1ⓐ)について、「幽霊がいる」という認識(同ⓑ)と、「壁にすぎない」という認識(同ⓒ)が対立してせめぎあっているのです。

ここで、もしⓐの現実が、ⓒの認識に合致するならば、ⓑの認識を「幻である」と言

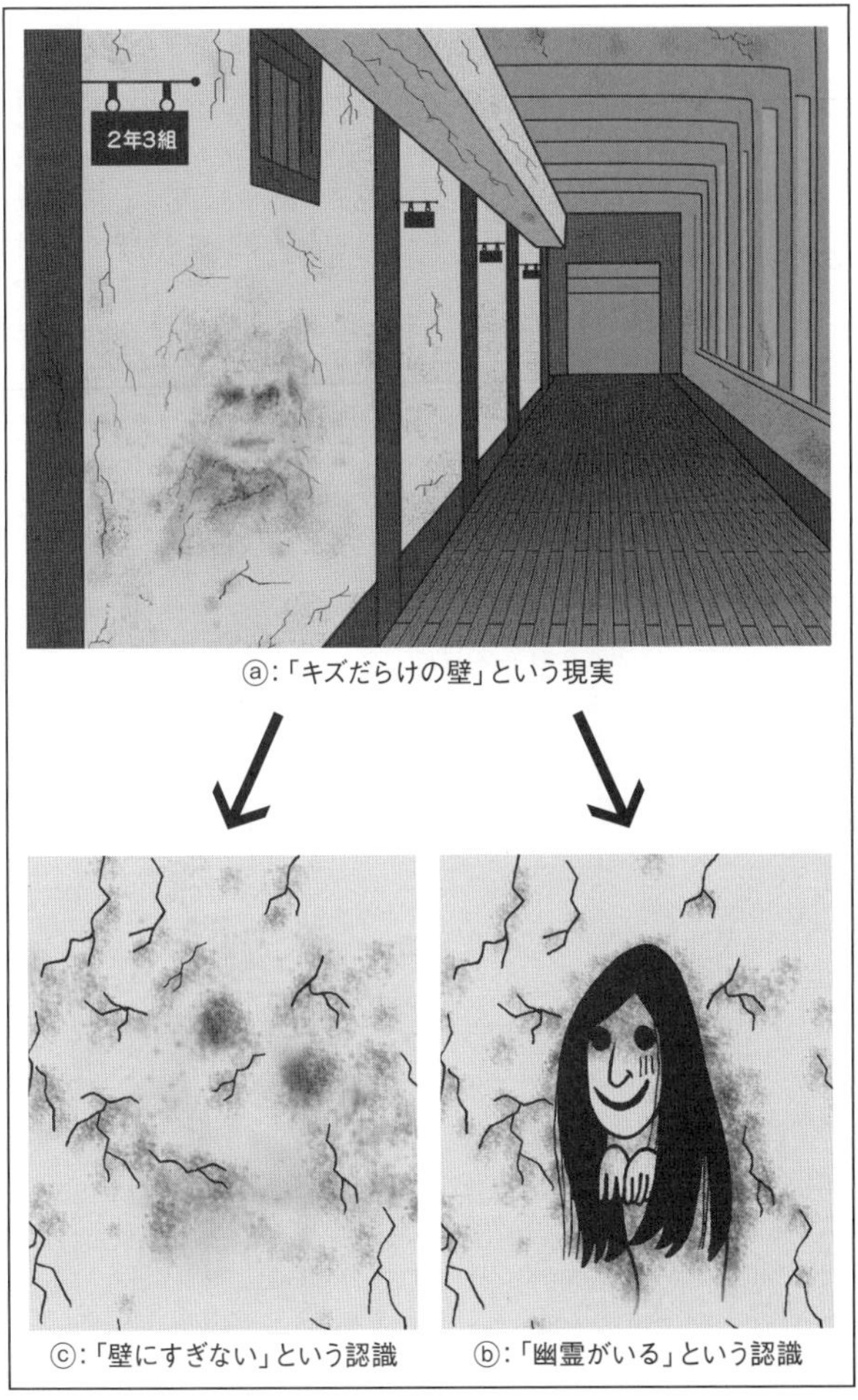


図１　壁のキズはどう見えるか

えます。このように、対立したいくつかの認識について、現実に合わせて優劣を決める方法を、「現実基準」と本書では仮に呼んでおきます。この現実基準によれば、より現実に近い認識のほうが、その他の認識よりも優れていることになります。幽霊体験に対して私たちがよく口にする「本当に幽霊はいたのか」という存在を疑う問いかけは、まさにこの現実基準にもとづいて行われているのです。

しかし、これが校舎の壁であれば、現場や現物を確認することで、「ああ、確かに単なるキズだったな」と現実との合致を保証できるかもしれませんが、一般には確認することが難しい幽霊現象も多くあります。それは、現実自体が不明瞭で確かめにくいということでもあります。

そもそも「現実である」という判定もある種の認識にもとづかねばならないので、認識の優劣に現実基準を使うと、議論が堂々巡りになってしまうという批判もあります。

少々難しい話になってきましたが、この話題はあとでだんだんと深まっていくので、現時点では、おおざっぱな理解で大丈夫です。

恐怖のカラクリ

さて、幽霊が現れることに対する科学的理由として、「顔」の認識機能の次に挙げていたのは、「恐怖という感情に対する人間の反応がきわめて素早い」ということでした。恐怖とは非常に原始的な感情で、人間だけでなく多くの動物が持ちあわせているものです。もっとも、動物の感情の有無は、まさに先に述べた「確かめにくい現実」に相当します。たとえば、ネズミが実際に恐怖感情を抱いているかどうかを直接感知することはできません。しかし、人間が恐怖を感じたときのふるまいと似た行動をとるので、「ネズミにも恐怖感情がある」と類推することはできます。

それに、もし恐怖感情がなければ、事故にあったり捕食者に食べられたりしやすくなるはずですから、恐怖感が備わっているネズミの子孫こそが今日まで生き残っているのだという考えには、かなり説得力があるでしょう。生物学者は、こうした動物的な進化の過程を経て、人間にも恐怖感が備わったと考えているのです。

さて、図2（35頁）は、さまざまな恐怖を図示していますが、実際に私たちが何に恐怖を感じるかをふり返ってみると、恐怖感のある人間の方が生きのびやすいというカラクリが見えてきます。高いところを怖がる人の方（ⓐ）が、落ちて死ぬ危険が少ないし、ムカデやゴキブリを怖がる方（ⓑ）が、病原菌に感染して死ぬ確率が小さいということがわかります。同じように、巨大なものを怖がってそれに近づかない人ⓒは、落石などの下敷きになるといった不慮の事故を避けられます。見知らぬ人を怖がるⓓというのは少し理解しにくいかもしれませんが、かつて人間が生活していた原始的環境では、見知らぬ人の多くが「なわばりを奪いに来た敵」であったからです。

そして、こうした恐怖という感情は、他の感情に比べて素早く作動するのが特徴なのです。たとえば、遊んでいて楽しいと感じるのは、ゆっくりとした心の働きです。それに対して恐怖感は反射的に現れます。なぜなら、恐怖に対応することは一刻を争うからです。危険がせまっていれば、すぐにそれを回避せねばならず、もたもたしていたら一巻の終わりです。敵であるかどうかをしっかり調べていたりしたら、無惨にも襲われてしまうかもしれません。

そのため、恐怖感は過剰に作用するようにもなっています。不確かな状態でもまず恐怖感が発動し、心拍数が上がり血液循環が高められ、肉体的な回避行動の準備が整えられるわけです。もし思いすごしであったとしても、そうとわかった時点で身体状況は平静に戻るので生命維持上は問題がありません。

こうしてみると、顔のような模様のキズが幽霊に見えるのは、生物学的にもしごく当

図2　さまざまな恐怖の原因

然に思えてきます。私たちは顔に敏感な認識装置を持ち、部分的な顔の情報から全体を想像します。同時に、見知らぬ人に対しては、反射的に恐怖感をもちます。その恐怖は素早く、それも過剰に作用するので、無意識のうちに私たちの心の中を占有してしまうのです。

現実にはそこに見知らぬ敵がいなくとも、また理性では「そこに人は存在できない」とわかっていても、無意識に巻き起こる恐怖感からはなかなか逃れられません。顔認識機能による人物の存在感とそこから発する恐怖感がありありと駆動すれば、それこそがもはや幽霊体験にほかならないわけです。

## 怖い幽霊VS.明るい幽霊

「幽霊は恐怖感による錯覚にすぎない」などと解説している私ですが、じつは自分自身がかなりの怖がり屋です。小学生のころ、部屋の照明を点けたり消したりして、暗闇になるととたんに恐怖がこみあげてくるのを不思議に思ったものです。

しかし、暗闇で実際に怖い目にあったという具体的な体験があるわけではありません。道に飛び出して車にひかれそうになったり、本気で喧嘩したりして感じた恐怖感や危機感は、むしろみんな明るい場所で生じたものでした。暗闇が怖いのは、経験的というよりは生理的な現象のように思われます。

さて、幽霊に恐怖感をもっていても、それは一般的に大人になるとかなり低減します。これは、感情を抑制する技能の習得によると考えられています。恐怖という感情はそもそも、後から調べて思いすごしであった場合には、平静に戻るようにデザインされているので、後から抑制することも比較的やさしいのかもしれません。

また、理性的に考えれば、幽霊よりも生きている人間の敵のほうがはるかに怖いのですから、人間社会を理解した大人にとっては、幽霊にまつわる危険の重要性が低下するのが当然です。

では、恐怖に関する心理的な仕組みの理解が進んだところで、あらためて幽霊というものをふり返ると、幽霊の圧倒的な存在感は、まさにその怖さゆえであったように思われます。人によっては、「幽霊から恐怖をとり去ったならば、もはや幽霊ではない」と主張するかもしれません。

しかし、私は幽霊に関する議論の出発点を、あえてここにおきたいと考えています。つまり、人間の心を乱す「怖い幽霊」は、すべて恐怖感による幻覚だとして排除した後に、「それでも幽霊は存在するか」と問いたいのです。人に恐怖感を与えないでも見えてくる、いわば「明るい幽霊」とでもいうべきものについて考えたいのです。この視点は、これまで恐怖によって隠されてきた幽霊の新たな側面を浮き彫りにするはずです。

## 錯覚にも「意味」がある

「明るい幽霊」について検討するために、まず「存在する」とはどういうことかを整理しておきたいと思います。「幽霊は存在するのか」という疑問は、一般的にもよく呈示されるものですが、その際、何をもってして「存在」とみなすかという点はあまり問題にされません。しかも、存在についての考え方が人によってくい違っているために、論争がたびたび不毛のままに終わっているのです。

さて、次頁に掲げた図3のⓐは、あなたにはどのように見えるでしょうか。ふつうは右下のⓑのような立方体に見えるはずです。左下のⓒのような三角形と四角形の組み合わせに見える人はまずいません。しかし、実際のところのⓐは紙に書かれた平面図形に過ぎないので、現実はⓒの方に近いはずです。すなわち、壁のキズと幽霊の例と同様に、ⓑのような立方体に見えるのは、現実基準からすると幻だということになるのです。

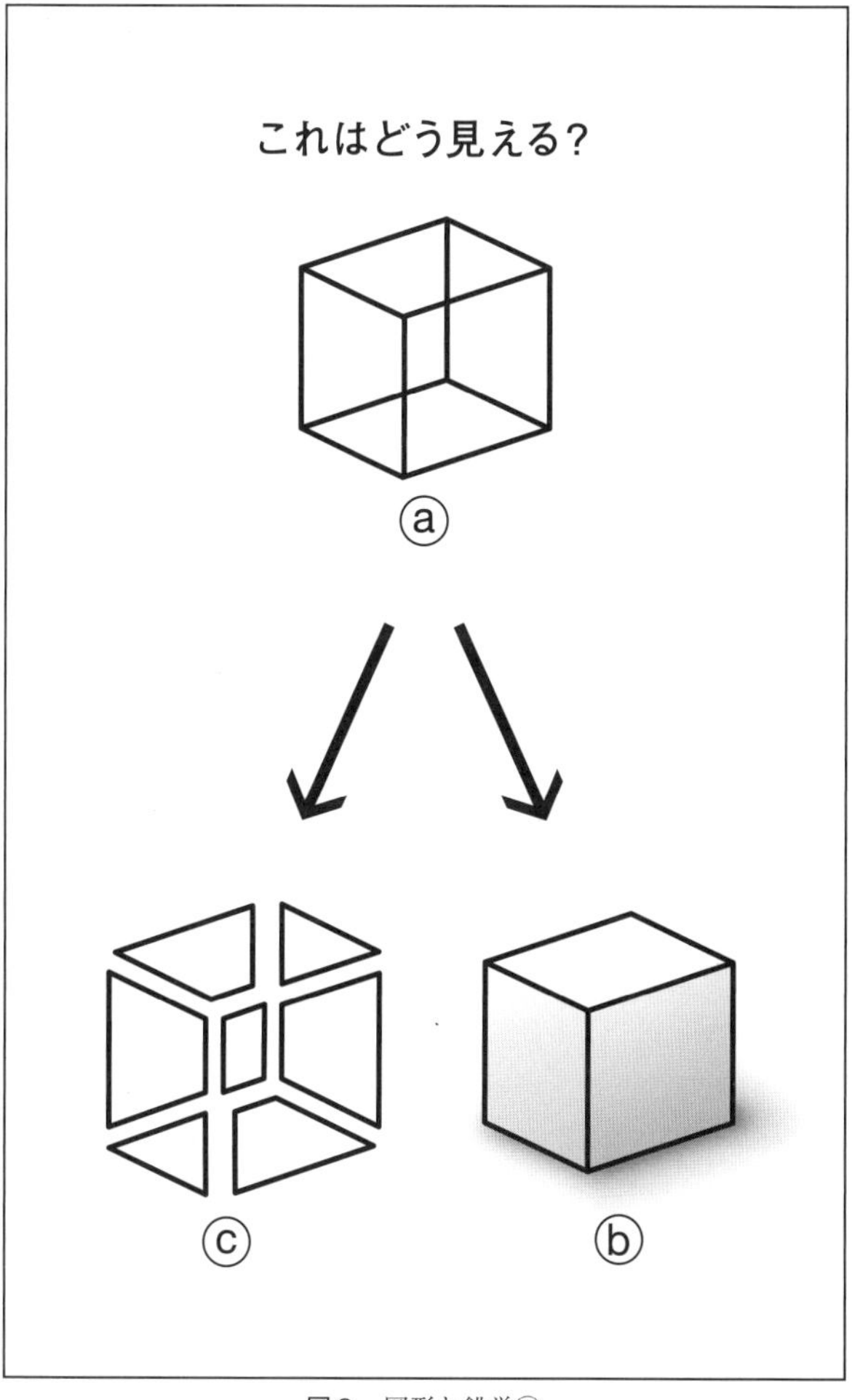


図３　図形と錯覚①

このように、多くの人が「現実と異なる知覚をする」ことは、学術的に「錯覚」と名づけられていて、とくに錯覚の対象が視覚的な図形であるときには、それを「錯視図形」と呼びます。よく科学者が「幽霊は錯覚である」と指摘するのは、壁のキズが錯視図形がもたらすのと同様の効果を引き出して、顔に見えているのだと分析しているからです。

ところが、ある平面図形が立方体に見える認識を幻や錯覚というのは、よく考えてみると奇妙です。立方体に見えることが、人間の目の機能として正当とみなせるからです。これを幻や錯覚とみなすと、テレビの画像を見るときには、つねに幻の立体を見ていることになりますから、幻がいけないならば、錯覚に陥らないように「いつもテレビ画面を本来は平面であることを認識しながら見よう」となるでしょう。

つまり、「幻は悪いことで、現実に近いのがいいことだ」とは必ずしも言えないということです。

このように、現実に近いかどうかという「現実基準」が十分に有効ではないとすると、他の基準を探さねばなりません。それでは、どんな基準を用いれば、三角形と四角形の組み合わせとするⓒの認識より、立方体とするⓑの認識のほうが優れているということになるのでしょうか。そこで注目されるのは「意味」です。

「意味」といっても、この言葉にもそれこそいろんな意味がありますが、この本の中では「人間にとって意義があること」と言い替えてもよいでしょう。場合によっては、もっと単純に「役に立つ」とか「実用性」と同義だと考えても構いません。

美しいものを賞賛することも、人間にとって意義あることにちがいありません。生物学者は、こうした審美眼も健康な個体を見抜くために進化したと考えていますが、そうだとすると、まさに「実用的な価値＝意味」に通じるわけです。

さて、それでは次に、図３のことは一度忘れて、図４のⓐ（43頁）を見てみましょう。こんどは、立方体（同ⓑ）にはとても見えず、平面的な正三角形が六つ（同ⓒ）に見えます。図４のⓐは、図３のⓐと同様、立方体を上方から見た平面図形に相当するのに、何が違うのでしょうか。

その違いは「意味」です。三角形と四角形の組み合わせ（図３ⓒ）は不規則で美しさがないのに対し、正三角形が六つ（図４ⓒ）は対称性をもった美しさがあります。ピザを六等分したときの形状にも似ています。つまり、図３のⓒより図４のⓒの方に「意味」がある、つまり六つの正三角形により実用性があるのです。

また、図3のⓑの立方体は、日常生活でもありがちな視点からのものであるのに対し、図4のⓑの立方体は斜め四五度上方という特殊な角度から眺めたものです。つまり、図4のⓑより図3のⓑのほうが、立体を見る上でありそうな構図であり、多くの現実の立体を代表しているのです。だから、図3のⓑには実用的な「意味」があるとも言えます。

このように「意味」を基準に用いると、私たちの認識の傾向をより的確に説明できるのではないでしょうか。図4の場合は、美や対称性の観点から意味ある認識をしましたが、それは現実に近い認識でもありました。図3の場合は、多くの場合に使える構図に意味を見いだして「立体」と認識しましたが、たまたま対象が紙に描かれた平面図形であったので、現実から遠い認識結果だった、という具合です。

人間にとって「意味がある」とは何か、などというと哲学的な議論になりがちですが、広く生物にとっての意味とは、基本的には「生きる」ことでしょう。生き残りに寄与することに実用的な価値があり、そして意味があるのです。結果として多くの場合、現実に合致することに意味があります。なぜなら、生物が現実の中に生きているからです。むしろ、生物が生きている物理的な場を「現実」と称するのだと言えるのです。

だからこそ、生物である人間の認識は、意味があるように作動し、あらかたの現実に

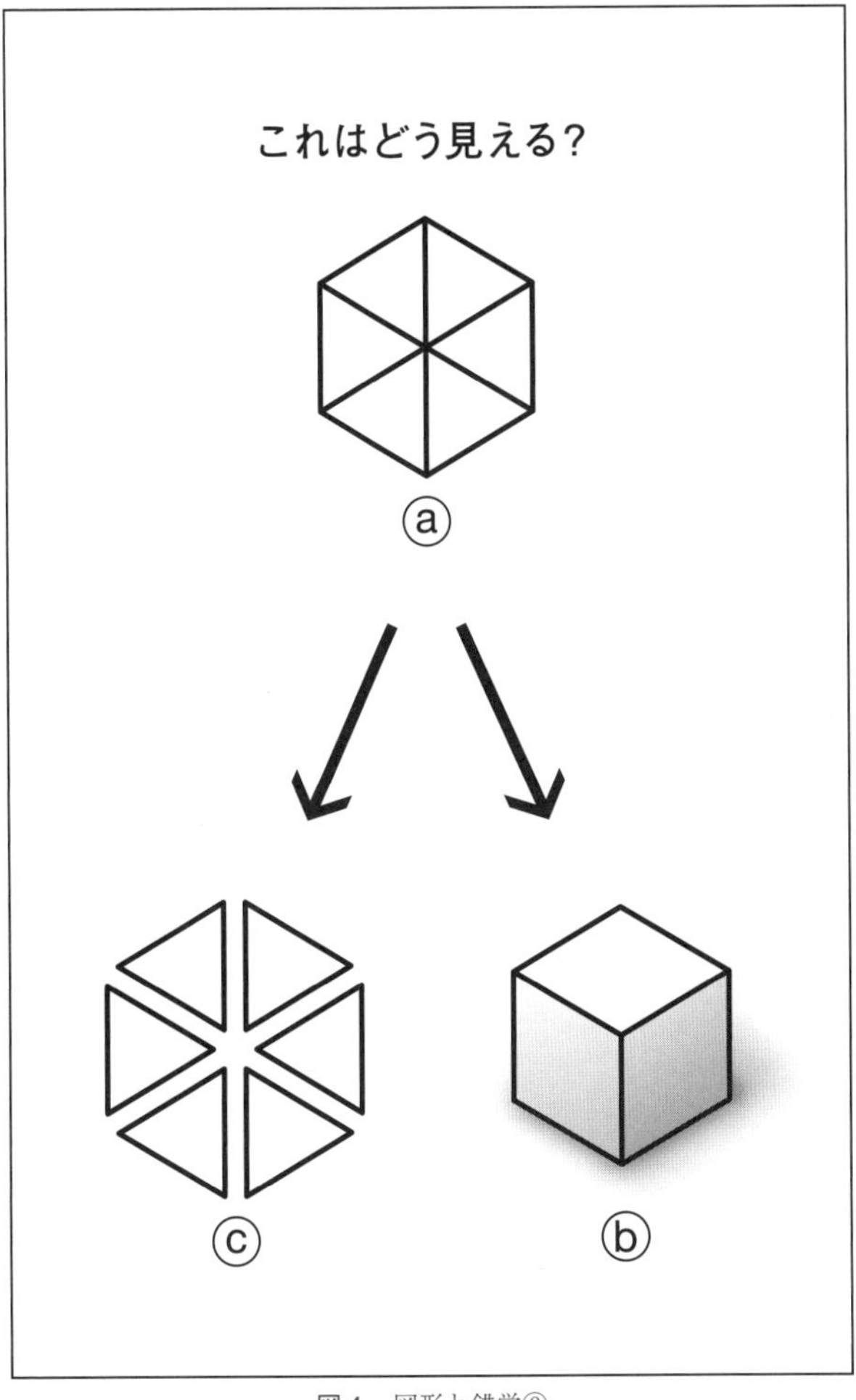


図4　図形と錯覚②

も即しているのです。しかし、それが現実だとしても、重要でない側面は積極的に無視して現実から離れたほうが「役に立つ」ときには、人間の認識はそのように作動します。たとえば太陽が刻々と東から西へと移動するような遅い変化に対しては、人間の認識は著しく鈍感です。遅く変化する現象で重要なものは、現実にほとんど存在しないのでそうなるのです。また、体の近くで起きる現象には敏感ですが、遠くで起きる現象には鈍感です。これも、生存のために重要な現象は、ふつうは体の近くで起きるからです。

錯視図形で錯覚が起きるのも、人間が立体的空間に生きているからで、積極的に遠近や奥行きの関係を見いだすためです。ときにはそれが現実から離れた認識をもたらしますが、かえってその視覚機能がリアルなテレビ映像の開発に利用できるわけです。

結局、人間の認識は、生き残りの歴史によって現実にほぼ即した形になってはいるものの、現実に完全一致しているわけではありません。つまり、現実に近くはあるけれど、現実とは少しだけ離れた世界を認識しているのです。

## 「現実」とは何か

こうした意味基準に従えば、幽霊肯定派は「幽霊と認識することに大きな意味があところが、幽霊にまつわる論争では、いつも「幽霊は存在するかどうか」が問われています。これは、論争を決着させることにはほとんど効果がありません。たとえば、廃屋に霊能者とされる人々を連れて行って、「どこにどんな幽霊が見えるか」を問うようなテレビ番組がその典型です。一見したところ、霊能力者たちの回答によって「幽霊の存在を霊能者が確認した」と示したように思えますが、じつはそうではありません。どんな回答があっても、「幽霊が実際に存在すること」は示せていないのです。

仮に、廃屋に行った霊能者たちが一様に特定の場所で特定の人相の幽霊を見たと主張したとします。しかし、その位置にキズだらけの壁があったために、霊能者たちが一様に錯覚を起こしたのかもしれません。じっさいこの手の霊能実験は、むしろ幽霊否定派の主張を補強するために利用されてきました。

否定派の代表格である英国の心理学者リチャード・ワイズマンは、幽霊屋敷とされるところに霊能者たちを一人ひとり連れて行き、どこで霊感を感じるかを記録しています。霊感が報告される場所は霊能者によって大きく異なったのですが、台所での報告が比較的多くありました。霊感は幽霊が存在しているから報告されるのではなく、「個々の霊能者の感覚でそれぞれ適当に報告されたのだ」、「台所ではそうした感覚を引き出す手がかりとなる刺激が多いので、たまたま報告も多かったのだ」と解釈されました。

古い家屋の台所のように、じめじめしていてうすら寒いところは幽霊スポットとされます。幽霊はそうしたところが好きなのでしょうか。そんな説明は場当たり的で有効ではありません。しかし、もし霊感が恐怖感に起因するのならば、もっと合理的に説明できます。

寒いところでは、私たちの身体能力が低減するのはご存知の通りです。そして、そんなときに敵に襲われたらひとたまりもないため、寒いところでの恐怖に対する私たちの感覚はより敏感になっているのです。早めに心臓をドキドキさせて身体能力を向上させておいたほうが、生活上有利だということです。

こうした否定派の論理に対して、幽霊の存在を示すことに難しさを覚えた肯定派は、しばしば「科学的概念にも現実に存在するかどうか明示できないものがあるではないか」と論点をそらします。確かに、物理学の「電圧」、経済学の「独占」、法学の「意図」など、一般社会でもふつうに使われている科学的用語の中には、「現実にそのまま存在するか」と問われれば、抽象的な概念にすぎないものも多くあります。

しかし、科学的概念は、自然科学や社会科学の議論の中で有効に「使える」のです。それは、私たちの生活上において、有効な電力システムや経済システム、法システムなどを提供していることで明白です。つまり、科学的概念でも、「存在するかどうか」という現実基準はあまり問題にはならず、実際のところ「システムを構築するうえで必要な科学的議論に使えるか」という、意味基準が重視されているわけです。

この考えに沿えば、幽霊肯定派も意味基準にのっとって「幽霊には生活上の意味がある」と有効性を唱える必要があるのは当然です。そして、その主張に成功したならば、「幽霊は存在する」となるわけです。しかし、その存在の程度には三段階があります。心理的存在、社会的存在、物理的存在と呼べるものであり、この三つは分けて考える必要があるのです（次頁の図5参照）。

まず、心理的存在とは何でしょうか。

霊能者の話に登場する幽霊は、よく人生の指針や生活上の知恵を教えてくれるようです。幽霊が存在すると実感でき、その存在が役に立つことを教えてくれるのであれば、幽霊と認識することは有効です。しかし、それはあくまで個人にとっての有効にすぎません。すなわち、その幽霊は、個人的な世界、心理の中にだけ存在しているのです。

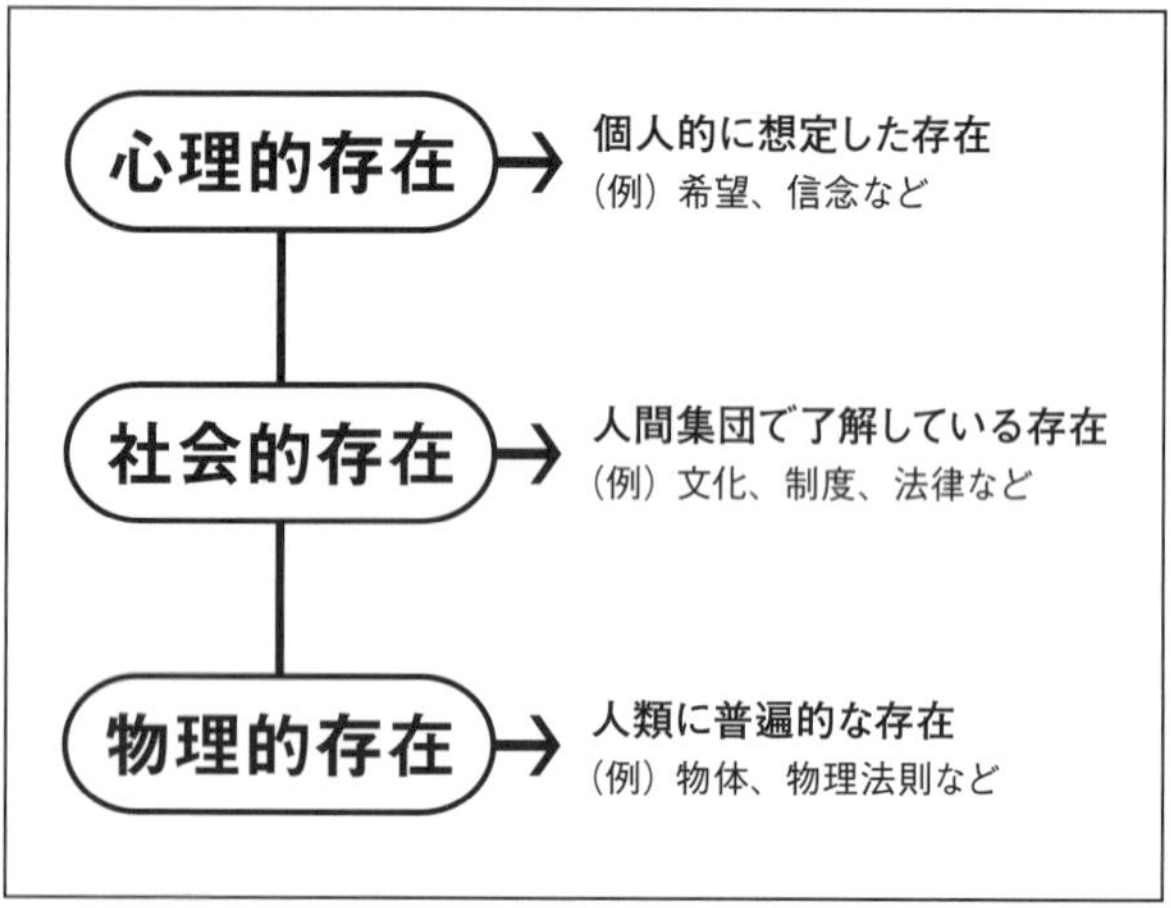


図5　「存在」にも段階がある

つまり、心理的存在とは人々に共有されていない段階です。この段階では、いくら個人的な体験を主張しても、他の人々にはなかなか受け入れられません。現在のところ、ほとんどの幽霊はこの心理的存在にとどまっていると言えるでしょう。

ところが、最初は心理的存在だったものでも、これが人々に受け入れられると、社会的存在になります。同じ体験をする人が増えたり、他人の体験を認める人が増えたりすれば、社会的存在に格上げされるのです。

一方で、皆が怖い幽霊を体験したとしても、その幽霊を意味基準にもとづいて、社会から排斥すれば、社会的存在にはなりません。

しかし逆に、例えば、脳の神経細胞に対するホルモンの作用などは、その実験ができる一部の科学者しか観察できませんが、その実験成果にもとづいた精神疾患の治療薬が人々の役に立つのであれば、そのホルモン作用の存在は社会的に受け入れられます。つまり、これと同様に一部の人しか幽霊体験をしなくても、その体験が社会的に有効であり、他の人々の役に立つのであれば、幽霊は社会的存在にもなりえるということです。

じつは、ある種の明るい幽霊が、かつては社会的存在だったことがあります。原始的コミュニティにおける精霊の類で、そのなごりは現代にもあります。

米国の心理学者ジェシー・ベリングは、子どもたちにひとりでゲームをさせるときに、ルール破りがどれだけ発生するかという画期的な実験を数年前に行っています。ボールを投げて的《まと》に当てるという単純なゲームで、ルールは「床に引かれた線より的に近づいてはいけない」「ボールは後ろ向きに肩越しに投げる」「投げるときは利き腕とは反対の手を使う」の三つだけです。しかし、子どもたちは誰も見ていないところではこうしたルールをしばしば破って高得点を上げます。いわゆるズルを犯すのです。

ところがこの実験では、部屋の隅に姿の見えない「精霊《プリンセス》アリス」がいると子どもたちに事前に言っておくと、ズルが大幅に減るということが示されたのです。精霊のような未知の存在が、倫理的行動を促したのです。

コミュニティのメンバーが精霊の存在を実感することで、現に倫理的行動がとられ、メンバー同士の協力活動が良好に行えるのであれば、精霊はそのコミュニティの社会的存在となっていると言ってよいでしょう。文明以前の原始的コミュニティではとくに、そうした精霊の存在がとても有効に働いていたと推測できます。

ひと昔前までの日本でよく口にされた「お天道《てんとう》さま」、また、霊や精霊などからの通信を受けるとされるイタコやユタなども、そうした伝統のなごりだと考えられます。それに宗教的教義における「神」も、ときには同様の役割を担っていたのでしょう。

ただ、今日の文明社会では、社会的存在としての精霊の位置づけは失われています。倫理的な行動が法制度や他の文化慣習によって守られるなかで、精霊の存在意義は薄れたのです。

一方、文明社会における法制度や文化慣習は、社会的に厳として存在しています。特定の社会でメンバーが共有し、有効に働くものは、その社会における社会的存在です。私たちの社会は、目に見えないそうした存在に支えられ、機能しているのです。

そして、社会の枠組みを超えて普遍的に働くものは、さらに物理的存在へと格上げされます。代表的な物理的存在は、物体そのものや物理法則です。これは、社会とは無関係なかたちで客観的に存在しています。今日の物理的存在は、科学技術を通して、人類全体を支えていると言えます。

さて、幽霊の存在に関する議論では、限定した人々だけの心理的存在から、集団で共有できる社会的存在になりえるかという論点が大切だと確認してきました。もし、これをクリアすれば、次の段階では、社会的存在からさらに、特定の集団にかかわらず、客観的に存在する物理的存在になりえるかという論点が現れます。

幽霊は、はたして個人を超えて、社会や人類にとって有効な「意味」のある存在になれるのでしょうか。

# 第二章　迷信とお守りの誤解と詐術

## ツキとスランプの勘ちがい

私の研究室には、ときどきギャンブルを研究テーマにしたいという学生が現れます。そうした学生は、必ずと言っていいほど本人がギャンブルにはまっていて、ギャンブルの勝ち負けを左右する「運の原理」などを知りたがっています。

学生たちの話をよく聞いてみると、彼らには共通して次のような認識があることが確認できます。

①ギャンブルをしていると、ツキやスランプなどの「運の流れ」をしばしば体感する。
②「運の流れ」が、「何か」によって変化することも体感している。
③そこで、運を呼びこむために念を込めるなど、独自の縁起かつぎの方法がある。
④その方法は、いつもではないが、総じて有効であると信じている。

私自身、大学生のころはパチンコで学費を稼いでいた時期があるので、それなりにギャンブルの専門家であると自負していますが、もし私が培ってきた知恵を伝授するとすれば、ギャンブルでは、「平均して勝てるノウハウ」をいかにして編みだすかが勝因になるのだと言えます。たとえば、私の学生時代のパチンコでは、天釘《てんくぎ》と呼ばれる台の一番上にある釘を見て、玉がよく出るかどうかを判断したものですが、この有利不利をうまく見抜いても、極端に玉がよく出るわけではなく、浮き沈みもつねにあるのですが、長い時間を経て出玉を平均してみれば、稼ぎが確実によくなっているものなのです。

この見方をとれば、学生たちが重視する「運の流れ」は、むしろ平均を乱す消し去りたいノイズです。だから、「運について研究したい」と言われると、私などはそれだけで面くらってしまいます。ちなみに当時、私がパチンコで稼いでいた金額を「労働時間」で割り算してみたところ、結局、ほかのアルバイトで得られる金額をだいぶ下回るのです。だから、割りに合わない仕事であると認識してパチンコは早々にやめてしまいました。

さて、私のところにくる学生に対しては、「運の流れなどは存在しない、誤認にすぎない」と説得するところから話を始めなければなりません。

次頁の図6はギャンブルの得失をシミュレーションしたグラフです。一回当たりプラス三〇点からマイナス三〇点までのいずれかの得点を、コンピュータで三〇〇回ランダムに発生させ、その得点を累積したものです。まったくランダムなものですが、ある区間に限って見ればずっとプラスが続いたりマイナスが続いたりしています。ランダムとはまさにそういうもので、ランダムであるからこそ脈絡無く数字の偏りが生まれるのです。むしろ、偏りのない場合にこそ、意図的な操作を疑うべきでしょう。

さて図6のグラフを見ると、㋐の周辺がスランプで、㋑の周辺がツキと呼べそうですが、これは「運の流れ」ではありません。今ツイているからといって、次もプラスとは限らないのです。次は次で純粋にランダムに数字が決まるのですから、プラスになるかマイナスになるかは誰にもわかりません。つまり、ツキやスランプは事後的に人間が思い込んでいるだけであって、「運の流れ」は錯覚にすぎないということです。

私の説明に納得した学生は、研究テーマを「なぜ運と感じてしまうのか」とか、「縁起かつぎが効くと信じるのはどんな人か」などにシフトしていきますが、なかにはどうしても説得できない学生もいます。理性による理解よりも、感覚的な直感を重視しているのでしょうが、そうした学生は残念ながらかならずどこかで研究に行き詰まってしま

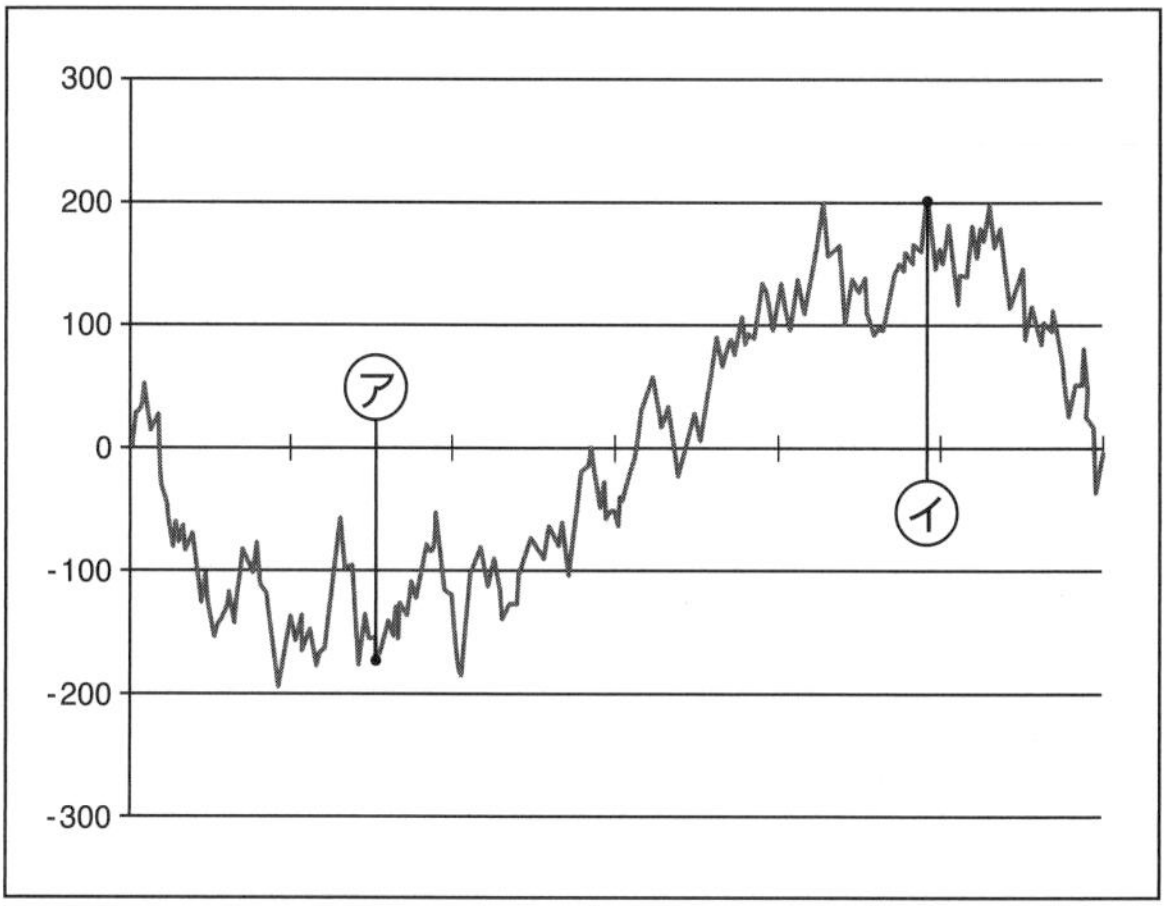


図6　ギャンブルにおけるランダムの例

います。

ところで、恐怖を取り去った「明るい幽霊」が、運やツキの周囲にもないかと見まわすと、「お守り」に思い至ります。お守りには神仏や精霊の力が宿り、災いを排除して福を招き入れるといいます。そうした「運を呼びこむ機能」が確かにあるのならば、「明るい幽霊」の候補になるでしょう。

しかし、そのような機能は、ギャンブルにおけるツキと同様の錯覚であると論じなくてはなりません。お守りを皆が信じていたとしても、それはほとんどが迷信です。その誤解をもたらす原因はいくつかありますが、どれもが重要な観点を含んでいるので、それらを順に解説することによって、

「明るい幽霊」が社会的に存在するには、迷信を超えた社会的な有用性が必要であることを論じていきましょう。

### 原因を求める人間心理

人によっては、「人生自体がギャンブルだ」と言うかもしれません。確かに、人生には良いこともあれば悪いこともあります。しかし、そうであればこそ、大事なのは人生全体における収支の向上です。たとえば、自分にあった技能を身につけたり、平素の人間関係に気をつけたりといったことが、短期的には学費の負担や気苦労となっても、長期的に見れば、人生に良いことを増やすはずです。

つまり、ランダムの影響が不可避の状態にあるときには、一時的なツキやスランプを気にとめることなく、次頁の図7のように平均した利得を長期的に向上させる方法を考えるのがよいのです。この図のシミュレーションでは、プラス三一点からマイナス二九点までをランダムに発生させてその結果を三〇〇回累積しているのですが、少しずつ利得が平均的に向上しています。

ちなみに、何も工夫をせずにギャンブルを続けると、逆に下の図8のように利得がど

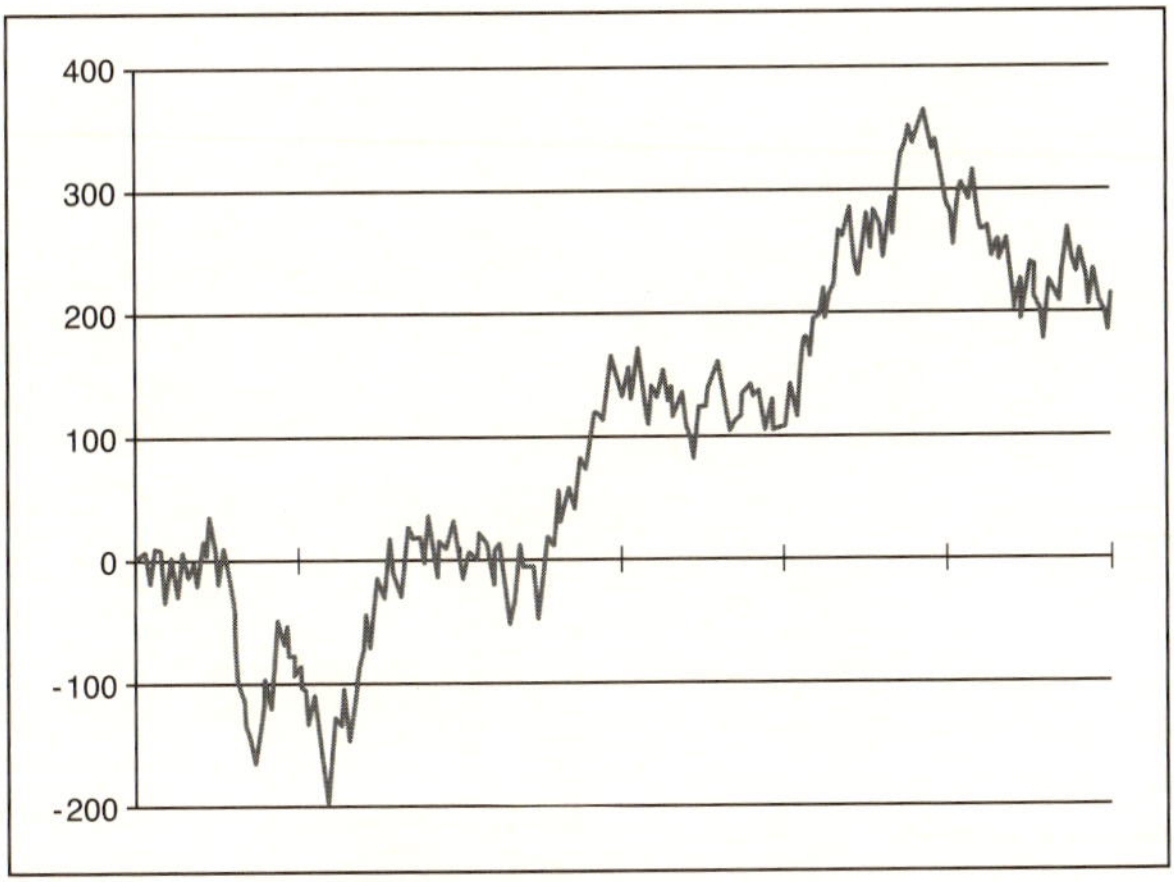


図7　少しずつ勝っていく例

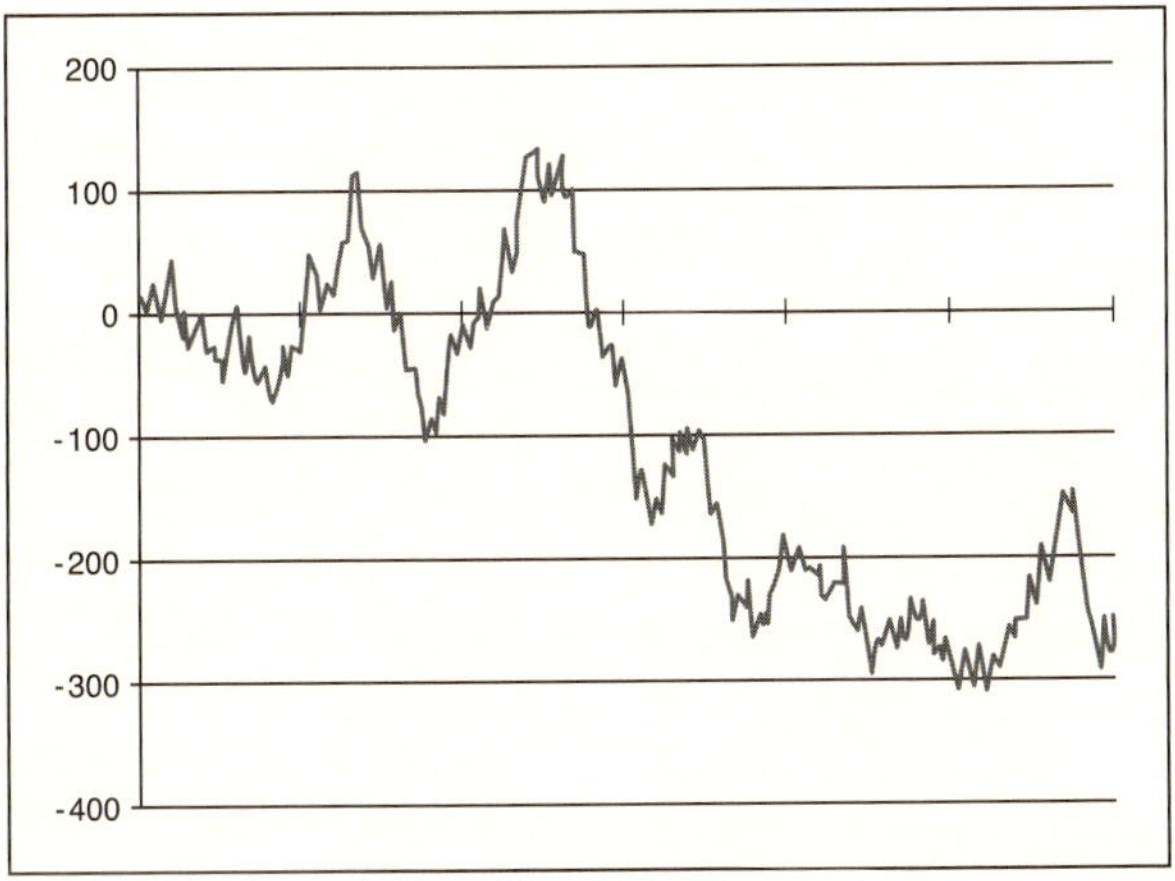


図8　ジリ貧傾向がつづく例

んどん低下します。これは、胴元がいわゆるテラ銭を少しずつ利益としてせしめているからです。こちらの図では、プラス二九点からマイナス三一点までを三〇〇回ランダムに発生させて結果を累積していますが、こうした「ジリ貧傾向」に自ら参加するのは、損失が決定づけられているので論外の選択です。

ツキやスランプに執着し、そうした「運の流れ」があると感じていると、お守りを信じるスキが生じます。ツキやスランプが「ランダムのなせるわざ」と知らなければ、「何かに原因がある」と思いがちになります。そして、そんなときにこそ、「お守りには効果がある」と誤認しやすいのです。

この誤認の程度は、お守りを身につけるタイミングにまず大きく左右されます。例えば、図6のグラフの㋐のタイミングでお守りを身につけると誤認が生じやすくなります。なぜなら、㋐でお守りを身につけた直後から、どんどん利得が上がるからです。㋐は見かけ上のスランプ時期で、したがって「苦しいときの神頼み」になりやすいので、㋐の周辺のタイミングでお守りを身につけ始める可能性が大きいだけなのです。

このような種類の誤解を、認知心理学では「回帰効果の誤認」と呼びます。偶然のランダム変動は、時間がたてばいずれ平均値（図6における0《ゼロ》のレベル）へと回帰、つまり戻っていきますが、そのような平均への回帰には原因はなく、むしろごく自然な現象なのです。ところが、たまたま行ったことの結果が「良かった」と表面上見える行為を、人間は十分な根拠もなく「原因」と誤認するのです。

そもそも人間は、「原因を探す」のが好きなのです。「偶然を嫌う」と言いかえてもよいでしょう。できごとに原因があった場合にそれが特定できれば、生活に役立てられることが多いからです。原因には生きていく上での「意味」があるのです。

これを原始人が野生のイモを掘ったときのことを例に考えてみましょう。

イモは特定の時期に掘ったものが一番おいしい、ということは皆さんもご存知でしょう。早く掘っても遅く掘ってもおいしさが落ちます。たとえば原始時代のある集落で、イモの花が枯れてから一〇日後に掘ったイモがとてもおいしかったとしましょう。そのときには、「花が枯れるのがおいしさの原因だ」と思うことに「意味」があります。

次頁の図9にあるように、現実に花が枯れたのが原因であったときには、今後もそれを目印にしておいしいイモが得られる利点があります。その一方、原因の特定が誤っていても、原因を考えない場合と同じく、とくだんの損失はありません。つまり、原因を考えるほうが得になる場面が多いことから、原因を考える習性が人間には身につきやす

**イモがおいしい原因は「花が枯れる」？**

| | 現実に原因である | 現実には原因ではない |
|---|---|---|
| 原因と思う | 利得が大きい | 損得なし |
| 原因と思わない | 損得なし | 損得なし |

図９　イモの「おいしさ」と「原因」との関係は？

いのです。

とくに未知のできごとに対しては、積極的に原因を考えたほうが実入りも大きい。その結果、何ごとにおいても「原因が見つかるとうれしい」となってしまいます。

こうした「原因を求める心理傾向」が、お守りなどへの固執をうながし、回帰効果の誤認を招くことになります。つまり、回帰効果の誤認は、人間が高い知能をもったことの代償とも言えるわけです。

スポーツ選手がある年に大活躍しても、翌年の成績は期待ほどでもないことがよくあります。「二年目のジンクス」として知られている現象ですが、これも回帰効果の現れにほかなりません。大活躍した要因の大部分がじつは偶然変動であり、その年はたまたま巡り合わせが良かったにすぎないとなれば、翌年の成績は低下するのが当然なのです。

この回帰効果の誤認は、サプリメントなどの健康食品でも発生しています。

私たちの体調は日々に自然変動するので、当然、良いときも悪いときもあります。前出の図6のグラフの縦軸を体調だとすれば、㋐の周辺は体調が悪いことになりますが、もし体調が悪い㋐のタイミングでサプリメントの服用を始めると、じつはそのサプリメントにまったく効果がなくとも、回帰効果で体調は向上してしまいます。これで「サプリメントが効いた」と誤解するのです。

サプリメントの最初の一袋が非常に安かったり、無料で試供品が配られていたりするのは、㋐のタイミングで飲み始める人を探すためなのかもしれません。それでもし効果があると信じてくれれば、業者は儲けものなのです。サプリメントに興味があっても、広告にうたわれている「効きました」という「個人の感想」に惑わされてはなりません。誤解した人たちの報告である可能性が高いのですから。

教育にも、この回帰効果の誤認が影を落としています。テストの点数というのは、実力が変化していなくとも変動します。それはテスト自体の実力判定が不正確だからです。

今度は、図6の縦軸がテストの点数で、一回ごとの点数を時系列で表わしたものだと考えてみましょう。もし真の実力は変化していないとすれば、㋑の周辺ではたまたま勉強した内容が出て点数が良く、㋐の周辺ではヤマが外れて点数が悪かったなどということになるはずです。

そして、通常はテストの点数が良いとほめられ、悪いと叱られることになりますが、実力は変化していなくても、回帰効果によって点数が良いテストの次のテストでは点数が悪化し、逆に点数が悪いテストの次のテストでは点数が向上する傾向があるので、ほめると点数が下がり、叱ると点数が上がったように見える結果になりがちです。こうして、親たちは点数が上がった原因を誤認し、「ほめるより叱った方が、点数が上がる」とみなすわけです。

ところが、教育学の研究で判明しているのは、「ほめた方が、勉強意欲が向上し、実力は長期的に上がっていく」という事実です。叱るとむしろ勉強意欲が減退して逆効果なのです。回帰効果の誤認によって正反対の、まったく不適当な対応が行われてしまうという悲しい実態があるのです。

## お守りとバイアス

さて、お守りの話に戻ります。もし周りの人々から「このお守りは効くよ」と言われ、半分信じてからお守りを身につけはじめると、状況はさらに深刻になるということがあります。具体的には、ジリ貧傾向が始まる時期（たとえば図6の㋑のタイミング）にお守りを身につけた人でも、お守りの効能を信じ続けることができるのです。そのタイミングでお守りを身につけた後に、運が悪くなったような変化が起きているのですが、「お守りを身につけていなかったとしたらもっと悪かったはずだから、お守りをつけていてよかった」と信じるのです。こうした場合を見込んだ言葉巧みな占い師ならば、「最初は少し反動が出ることもありますよ」などと言い添えていることでしょう。

お守りの効能を科学的に調べるには、お守りを身につけた場合と、身につけなかった場合とを比較しなければなりません。いま現に身につけているのなら、前者は経験中の現実のことではありますが、後者は想像するしかありません。私たちは「お守りを身につけているいま経験している良いことは、身につけなかった場合は起きなかったのだろうか」などと想いをめぐらすことになるわけですが、身につけなかった場合の結果はわかりません。せいぜい身につける以前を手がかりにした推測に頼るしかありません。

ところが、先に述べたように、人生には良いことも悪いこともあるので、その推測自体がとても難しいのです。よく考えようとすればするほど、それは推測ではなく自分の思いこみに沿った「憶測」になってしまいます。そして、その心理がときに詐欺的行為に利用されるのです。

たとえば、誰かに「お守りを身につけたから良いことがある」と言われていると、身につけた後の経験では、良いことが際立ってきます。また、霊感占い師に「あなたには悪霊がついているので、お守りで排除しましょう」などと言われると、お守りをもつ前のできごとの中で、悪いことの方が目立ってしまうのです。このような、信念に合わせた事実が目立って認識される傾向を、認知心理学では「確証バイアス」と呼んでいます。

私たちは皆、自分がよく知った土俵で勝負したいものなので、アウェイよりもホームを好みます。だから、自分の信念に合っていることには敏感で、それに接近しようとしますが、合っていないことが起きたとしても役に立たないとみなしているので、それにはあまり注目しません。「お守りを身につけたのに悪いことがあった」と認識しても、どうしたらよいのか当惑するばかりなので、悪いことには鈍感になるのです。

教育学の研究でも、この確証バイアスによっていろいろな問題が発覚しています。たとえば、小学校で担任の先生が交代するときに、「どの生徒に見込みがあるか」を引き継ぎの情報に入れておくと、それがじつはくじ引きで決めた適当な情報であったとしても、見込みがあるとされた生徒の成績は、されなかった生徒よりも、平均して上がる傾向が認められます。これは、引き継ぎ情報に誘導された先生の心理が、見込みがあるとされた生徒の良い面に注意を向け、教育効果が上がったのだと考えられています。これを逆に考えれば、教育効果が下がる確証バイアスも大いにありえるということです。

## 高いほど効く？

お守りは「高価な方が効く」と信じられることが多いのも、よく知られた事実です。「お守りを身につけたのに悪いことがあった」という認識に対して、当惑以上の「強い悔しさ」が伴うからです。その結果、「こんなにお金を払ったのに効かないはずがない」という不合理な推論が無意識のうちに働き、確証バイアスなどを強めることになります。

こうした傾向は、社会心理学で「認知的不協和の解消」と呼ばれています。一九六〇年ごろにこれを発見したレオン・フェスティンガーは、実験参加者につらい仕事をさせ、不当に安い報酬しか支払わなかったのですが、一か月後に彼らの一部が「おもしろい仕事」であったと回想する傾向を見いだします。

つらい仕事なのに安い報酬という「不協和」があると、人間はなんともやりきれない気持ちになるものですが、それを解消するには、つらい仕事をおもしろい仕事と認知しなおすか、安い報酬を高い報酬と認知しなおすかの、どちらかが必要になります。外的に金銭価値で客観できる後者に比べて前者は内的な感情なので、後者よりも記憶を変更しやすく、知らず知らずのうちに実際に記憶が変えられてしまうのです。

その後「認知的不協和の解消」に関しては、楽しい仕事をさせたのに不当に高い報酬を支払ったら、こんどは逆に実験参加者の一部が「つらい仕事」であったと回想する傾向があること、高額商品を買った消費者は不協和を怖れて、ライバル商品の広告を見ない傾向があるなどの、多くの実験事例が集まっています。そして今日では、無意識の記憶変更を究明する、重要な手がかりのひとつとなっています。

これと同様に、高価なお守りを身につけたのに悪いことがあったときに、「本当は悪いことよりも良いことが多いのだ」と、認知的不協和をむりやり解消するのはとても問題です。お守り信仰の深みにはまりかねません。これには、ほかにより妥当な解消の仕方があります。「本当は効かないのだ。高額を支払ってしまったが、それも勉強のうちだ」と考えることです。そうすると、お守りが捨てられ、そのワナから脱却できます。この種の「自分を言いくるめる心理的対処」を、心理学用語で「合理化」と呼びます。

右の合理化には、「それも勉強のうちだ」という物語を、自分の無意識に対して意図的に語りかける必要があります。これは自分ひとりではなかなか難しいので、周りの人にも「皆がそうして勉強の過程を経ていくものよ」などと、諭してもらうとよい効果があるはずです。こうしたまさかのときにこそ、周囲にどんな人間関係が築かれているかが、ものを言います。

じっさい、周囲との関係によっては逆の展開もありえます。「高価なお守りを身につけたのに悪いことがあった」という疑念が起きたときに、お守り信仰を正当化する行動をとってしまう人がいます。この人の周囲に巻きこまれやすい人々がいると、さらに問題は大きくなっていきます。

その典型的な正当化は、周りの人々に向かって「このお守りは高価だけど、よく効くよ」と触れまわり、お守りをもつ仲間を増やす行動です。そうすれば「皆がもっているお守りが効かないはずはない。自分には悪いことが起きているかもしれないが、皆には良いことが起きている。自分にもいずれ良いことが起きる」などと、正当化できるのです。そのうえ、「周りの人々に恩恵を与えた」という錯覚にも浸れます。

ほとんど倒錯の世界の話に聞こえるかもしれませんが、カルト宗教の勧誘にとどまらず、これはふつうに起きていることなのです。

### ご利益を調査する

これまでお守りに関する否定的な議論を展開してきましたが、私は「お守りは科学的に効くはずがない」という主張をしているのではありません。「お守りの効能は錯覚ではないだろうか」「本当は効いてはいないのに、効いていると思いこんでいるだけではないか」「ちゃんとした調査が必要だ」と、問うているのです。なにしろ心理学分野には、その手の錯覚が起きる実験事例や定評のある理論が多数あるのですから。

お守りの効能を徹底的に調べるにはどうしたらよいか、その方策を考えてみましょう。もしお守りが効くのであれば、次頁の図10において、①と④の頻度が、②と③の頻度に比べて多いはずです。なぜなら、お守りをもったときの「悪いこと（②）に対する良いこと（①）が起きる比率」が、お守りをもたなかったときの「悪いこと（④）に対する良いこと（③）が起きる比率」より高いと予想できるからです。

お守りに効果があるか？
やった！
合格したぞ
身も心も
ボロボロ……

| | 良いことが起きる | 悪いことが起きる |
|---|---|---|
| お守りをもつ | ① | ② |
| お守りをもたない | ③ | ④ |

図10　お守りの「所持」に「効能」はあるのか？

これを表に従って調べたいところですが、「お守りをもつこと」と「お守りをもたないこと」を同時に調べることはできないので、そこは交互に調べます。たとえば、偶数月はお守りをもって奇数月はもたないなど、一年くらい調べるのです。細かい分析法については統計学の本に譲りますが、この間、毎月のできごとの良し悪しの程度と頻度を記録すれば、そこそこのデータが集まります。

また、お守りをもっているかどうかを知っていると確証バイアスが出るので、誰かに頼んでニセモノのお守りを作ってもらいましょう。お守りの中身を抜いて、同じ重さの別なものを入れておくのです。

真のお守り六つとニセモノ六つをシャッフルしてわからない状態にして、毎月そのうちのひとつを身につけて実験すればよいのです。

ところが、この実験をするうえでの障壁があります。お守りの効能を信じていると、「お守りをもっていないと悪いことが起きる」と、お守りをもたない実験が怖くてできなくなるというものです。そうすると「実験はやめて、ずっともっていることにしよう」となってしまいます。とりあえず信じておくほうが、精神的に楽なのです。

スポーツ選手や芸能人にお守り好きが多いのは、ひとつの失敗が命取りになる職業だからでしょう。スポーツ選手はケガひとつで選手生命が絶たれることがあるし、芸能人もちょっと人気が下がっただけで次の仕事が入らなくなるかもしれない。また、両者ともちょっとしたスキャンダルでも職を失いかねません。つまり、ずっと成功をし続けないといけないので、お守りが捨てられないのです。

というわけで、お守りの効能をしっかり調べるのは意外に難しいのですが、大ざっぱに調べることはできるはずです。お守りがこれだけ蔓延しているのですから、少しは社会で経費を負担して調べてみるのもよいのではないでしょうか。

これまでの議論から、「お守りが効いたように見えるのは錯覚である」という心理学的な見方が妥当である可能性がかなりありそうです。少なくとも、「お守りが効いた」という社会的な調査や実験は、まだありません。一方で、お守りが効いたと信じることによって、詐欺にあうなどの損失が容易に予想されます。以上の収支を考えると、「お守りが効いたと思うことの生活上の意味はきわめて低い」と言わざるをえません。

ここでの「生活上の意味」とは、人間の社会的集団における意味です。人によっては「お守りが効いたと思うことで気分が安らぐ」という主張もあるでしょう。しかし、運の良し悪しがお守りによってコントロールできると誤解したならば、図7のような長期の平均的向上に目が向きにくくなるでしょう。そのデメリットはきわめて大きい。つまり、個人の思いはさておき、「お守りは効かないとしたほうが社会的によい」と分析できそうです。ただし、前章で紹介した「精霊アリス」のように倫理的な役割をお守りが担う可能性も否定できないので、検討を続ける必要性は残ります。

お守りを「明るい幽霊」の候補として考察してきましたが、迷信ばかりで実用的な意義が低いばかりでなく、ご利益を当てにするあまり、逆にこれを失うのが怖くなるようであれば、お守りも排斥すべき「怖い幽霊」のひとつであるとも言えそうです。

# 第三章　夢と幽体離脱

## 昨晩見た夢は……

私は、よく乗り物に乗っている夢を見ます。それも自分で車などを運転するのではなく、決まってバスか列車の乗客です。最初は快適に乗っているのですが、ふと外に目をやると見知らぬ土地に来ています。そして、「あれ、間違ったバスに乗ったのか」と思って周りの人に行き先を聞いたり、あとから乗り込んで来た人に「私はこのバスに乗っていていいのでしょうか」などと尋ねたりするのです。

後から考えると、自分の行動も周りの人の反応もどこかおかしいのですが、夢の中なので気づきません。「このまま乗っていたら、とんでもないところに行ってしまうかもしれない。すぐに降りるべきだろうか」と不安が高じてくるうちに目が覚めます。

人間は、そしておそらく多くの動物も、夢を見ます。その理由は、いまだによくわかっていませんが、有力な説は「現実に起きることにうまく対処できるように、あらかじめ練習するためだ」というものです。

本番を前にしたスポーツ選手は、イメージトレーニングをよくするそうです。「想像の中でくり返し練習すると本番でもうまくいく」という考えからです。ことによると私たちは皆、夢の中でイメージトレーニングをしているのかもしれません。

ともあれ、乗り物の夢を私自身は、次のように解釈しています。

①私は現実世界で何か判断に迷う事柄を抱えている。
②理性的には決断の方向性を決めつつある。
③しかし、それが感覚や感情にはピッタリきていない。
④もっと理性と感性の両面で再考するのがよいのだろう。

この解釈が正しいかどうかはわかりませんが、抱えていた懸案についてじっくり再吟味すると、乗り物の夢を見なくなるので、当たらずとも遠からずだと思っています。こうした解釈を通じて心理分析を行えば、夢も生活に役立てられるわけです。

この章では、幽霊体験を細かく検討しながら、多くの体験が夢そのものや、夢に準じる精神状態と関係していることを明示していきます。迷信を取り除いた上で社会的に有効な「明るい幽霊」を見いだすためには、まず夢についての理解を深めておく必要があるのです。

考えてみると夢はすごいものです。現実世界で生活しているときには、物や音や光からなる物理環境や、人々の交流からつくられる社会環境が、外界にしっかりとあるのに対して、夢の中では、物理環境も社会環境も自分でつくり出しているのですから。物のイメージも人々の表情も記憶から再形成し、現実にありえそうな他者の会話も経験から再構成しているのです。

私たちは、ふだん会話しているときには「何を話そうか」と考え、自分が発話する内容を意識します。それに対し夢の中では、他者の発話内容を「意識しない無意識のうちに」考えているはずです。この私たちの無意識がかなり優秀であるからこそ、夢の中での他者の発話が「自分でなく他者がしゃべった言葉」として聞こえてくるのです。

私たちは、一晩のうちに四、五回の夢を見るのですが、その内容は起きた時点でほとんど忘れてしまっています。脳波をとると、夢を見ているとおぼしき状態は検出できるので、その状態のときにむりやり起こし、「いま夢を見ていませんでしたか」と問うと、誰でもふつうは見ていた夢を報告できます。だから、ぜんぜん夢を見ないという人も、じつは見た内容を忘れているだけで、実際には夢見の体験があるにちがいありません。夢の内容を覚えていると、先の私の乗り物の夢のように、心理分析に活用できるので、忘れないようにしたいものです。

### 金縛りのメカニズム

夜中にふと目をさまし、寝返りを打とうとすると、体が思うように動かない。目を凝らしてお腹のあたりを見ると、河童に似た地縛霊が自分の上に載っているではないか。逃げようにも、手足を動かすことはおろか、助けを呼ぶ声をあげることもままならない。「金縛りだ！」と恐怖でパニックにおちいり、やがてくらくらと闇の中にすいこまれていき……。

私自身は金縛りにおそわれたことはないのですが、学生たちに聞くと一割くらいの経験者がいます。しかし、「地縛霊も見た」という報告はめったにありません。金縛りに慣れた学生のひとりは、地縛霊が見えたら怖いので、見える前に「ヤバイと思って、またすぐに眠る」そうです。なかなか賢い対処法だと思います。

金縛りになる前に知っておくべきことは、「就寝中の夢見期間、人間の体は脱力するよう調節されている」という生理学的事実です。夢の中で私たちは、ときに飛んだり走ったりの大活躍をしていますが、もしその通りに手足が動いてしまったらたいへんです。夢を見ている間に、二階の窓から外に落ちてしまうかもしれません。

人間の体はよくできているもので、夢見の間は体を動かすスイッチがオフになっています。そのスイッチは、起きているときにはもちろんオンですが、夢見よりもさらに深い眠りにある期間もオンになっています。つまり、夢見期間だけが特別にオフなのです。

夢見期間でもスイッチオンのままであると、危険な場合があります。見ている夢と手足の動きが同調して、隣で寝ている人を殴ったり蹴ったりしてしまい、ときには歩き回ることさえあるのです。レム睡眠行動障害と呼ばれるもので、こうした状態になった患者は、「幽霊に憑依された」ようにも見えるほどですが、夢の生理学的仕組みを考えれば、その誤作動から当然のごとく起こりそうな症状です。

このスイッチのオン／オフのタイミングがずれた場合を考えてみましょう。夢見状態に入ったのに、体を動かすスイッチがまだオンであると、危険な状態になります。そうであるならば、多少そのタイミングがずれても大丈夫なように、オフの期間を少し長くしておくほうが安全です。つまり、夢見状態が始まるよりもやや前にオフにして、夢見状態が終わってからそのやや後にオンとするわけです。

じつは、現実に私たちの体ではこうした対処がとられています。だから、夢見が終わって覚醒状態に近くなっても、体を動かすスイッチ設定が、依然としてオフになっていることがある。この状態がまさに金縛りです。今後、もし金縛りになったら、「危険な状態にならないよう、体を動かすスイッチ設定がオフになっているのだな」と思えば、むしろ安心なのです。

## 夢のお告げは当たるのか

私の夢に登場する人物は、ほとんどが周囲の生きている人々なのですが、ときおり、すでに亡くなった人物が現れることがあります。以前の夢では、バスに乗り込んで来た人が亡くなった祖父でした。亡くなった人物だからといって怖い気分になることはなかったですし、祖父だからといって含蓄《がんちく》のある話をするわけでもありませんでした。

しかし人によっては、亡くなった人物が夢に出てくると怖い気分になるでしょう。また、そうした夢を見た人が思わず目覚めたところ、自分が金縛りになっていたとすれば、二重の恐怖におそわれるでしょう。さらに、その体験を後からふり返れば、「亡くなった人物の霊が夢枕に立っていた」と認識してもおかしくありません。

深層心理学によれば、抑圧された無意識の気持ちが夢に現れることがよくあると言います。亡くなった人物の言葉を借りて、その無意識が夢に出てくるのは、素直な現れ方です。無意識の気持ちが、意識でいま思っている「自分の気持ち」とかなり異なるものならば、尊敬する人の言葉として語られれば受け入れやすい。ましてや死者の言葉であれば、もうその本人に真意を確かめることはできず、疑いをはさむ余地も少ない。「無意識が死者の形を借りて、意識に訴えている」と解釈できるわけです。

ときどき、夢枕に立った霊が与えてくれたアドバイスに従ったところうまく成功したとか、危険を回避できたといった報告がなされます。いわゆる「夢のお告げ」ですが、深層心理学の視点に立てば、優秀な無意識が、おのれの考えが自覚する意識になかなか理解されない現状に業を煮やし、手のこんだ物語でもって意識を説得したという解釈も可能です。

夢のお告げに従って、自分の将来が実際のところうまく運んだのであれば、それはそれで意味あることでしょう。その場合、夢に登場した霊などを、自分にとっての心理的存在とみなしても、さほどの問題はありません。お守りのように霊感商法に巻きこまれるおそれも少ないはずです。さらに、誰かの夢のお告げの結果を周囲の人々で受け入れ、皆の行動改善に利用できれば、それは社会的存在に格上げされる余地さえあります。

つまり夢については、錯覚の仕組みを十分に認識したうえでもなお、利用できる可能性があれば、その働きを活用する道を探ることに価値があるように思います。

### 魂が体から抜け出す？

金縛りについで就寝中に多い幽霊体験は、体脱体験です。これは、「自分の魂が体から抜け出て、空中から自分の体を見おろす体験」として知られています。ときには、金縛りとともに体験されます。「体が動かない怖い体験をしていたところ、魂がすっと体から抜け出て宙に浮き、良い気分になった」などの報告があります。魂が抜けたのならば、体が動かないのは当然なので、金縛りの怖い状況を脱する対策として体脱体験をあみ出すことは、とても合理的です。その観点から、体脱体験を心理的な安定を見いだす仕組みとみなすこともできます。

体脱体験は、学術的には「身体感覚の拠点が体の外に移動した現象」として捉えられています。身体感覚の拠点は、ふつう体の位置にありますが、それは必然ではありません。体の位置から見たように視界がひらけ、体の位置の音が聞こえ、体の位置の物体が触感を及ぼすという事実から、「自分は体の位置にいる」という拠点感覚が生まれているだけなのです。

身体感覚の拠点は体にあると思ったほうが便利なため、「そう思っているだけ」とも言えます。

最近では、ヴァーチャルリアリティ技術を駆使して、体脱体験を人工的に誘発することも可能です。ゴーグル型のディスプレーを介して、自分の体を背後や上方から映した映像をつねに見ながら生活していると、いろいろな作業を続けているうちに、カメラの位置に自分がいるような感覚になるのです。私自身も体験してみたのですが、自分の体をラジコンのように天井（カメラの位置）からコントロールしている感覚でした。

幽霊肯定派は、「自分の体を見おろすことなど現実にはありえないから」という理由で、霊魂の体脱を主張します。また彼らは、幽体という衣をまとった形で抜け出すという仮説にもとづき、体脱体験を「幽体離脱」と呼ぶことを提唱しています。

しかし私には、「幽体離脱が現実にある」よりも、「自分の体を見おろす現実的な夢を見る」ほうが、はるかにありそうなことだと思えます。その理由は、私自身が「自分の体を見おろす視点での夢」をよく見るからです。

人間は、集団を構成して生きる社会的動物なのですから、「人からどのように見えるか」について、いつも気にかけているものです。前に述べたように、夢がイメージトレーニングなど何らかの練習の場であるとすると、人から見える自分自身が夢の中に出てくるのは、とても理にかなった見え方です。

私の記憶に残っている小学校のときのとても印象的な夢は、次のようなものでした。

数人の友達といっしょに遊んでいる様子が、自分の体を含めて上方から見おろす構図で見えていたのです。その遊びの様子が、鬼ごっこが突然ボール投げになるなど、つじつまが合わない奇妙な展開を示すので、私は「この遊びの様子は夢にちがいない」と夢の中で直感しました。しかし、そうすると誰が夢を見ているのかがわかりません。つまり、誰が私であるのかがわからないので、「今ここにいる誰かが夢を見ているんだよ」と、夢の中の「私の体」が発言したのです。あまりに奇妙だったためか、その瞬間に目が覚めました。

夢を見ている最中に「これは夢だ」とわかる夢を「明晰夢《めいせきむ》」と呼びます。明晰夢を見ることになれてくると、夢の内容を自分の意図どおりに自由に変更できるようです。私自身は、ときどき明晰夢は見るものの、その内容をコントロールすることまではできません。

しかし、明晰夢の達人で、私の同僚でもある人類学者の蛭川立《ひるかわたつ》は、夢の中で思いどおりに空を飛んでいると言います。その言葉だけだと、話をおおげさに言っているように聞こえかねませんが、彼を被験者とした実験を行ったところ、彼は実験室で就寝しながら、明晰夢の「気づき」を伝えることに成功しています。脳波から夢見と判断された状態で、彼は実際に夢を見ていることを自覚し、事前に打ち合わせておいた特定の眼球運動パターンによって、その自覚を首尾よく実験者に伝えたのです。

彼に明晰夢上達の極意をたずねると、覚醒時であっても夢見時であっても、小刻みにジャンプする練習を続けるのがよいとのこと。現実であると何も起きないが、それが夢の中であると、自分の体がふーっと宙に浮き上がって、どこにでも自由に飛んで行けるそうです。ときどき私も試みてはいるのですが、まだ成功したためしがありません。

また、明晰夢の達人の夢は、とてもありありとしたものだそうです。夢の中における意識の覚醒度が高いのでしょうが、これはちょっと危険です。もし覚醒した日常において、疲労などのため突然明晰夢状態に入ったならば、現実と認識の乖離が激しくなってしまいます。目の前に夢の内容が見えてくるようになると、車の運転もままならないでしょう。私たちは、ありありとした感じでもって知覚した刺激を現実のものと認識しているのですから、夢の中にまで、むやみにありあり感が拡大されてはならないのです。

こうした明晰夢の研究からは、興味深い事実が浮かびあがっています。体脱体験の生理的状態や心理的状況が、明晰夢体験のそれと似かよっているというのです。両者はともに、身体的な運動が制限された状態でありながら、意識的な自覚がしっかりとあり、空を浮遊するなどの物理学に反する体験が伴います。

つまり、体脱体験はある種の夢である可能性が高いのです。ただその夢は、私たちが通常見る夢とは異なって、意識が高まった「特殊な夢」であるということです。

## 幽霊体験の精神状態

体脱体験と並んで有名な、霊魂が抜け出るとされる体験がもうひとつあります。臨死体験です。事故や病気の発作で瀕死状態になったときに、死後の世界をかいま見る体験がそれです。

典型的には、暗いトンネルの中を光の差す明るい方へ進みながら、これまでの人生での主要な経験を走馬灯のように追体験し、あの世との境目、たとえば三途の川などにさしかかり、死に別れた肉親に会って「あなたはまだ来てはいけない」といった会話を交わしたのちに、後ろから引かれるような感じを受けて、気づいたらベッドの上で目ざめたという、一連の体験要素があります。

臨死体験においては、しばしば自分の体を上方から見おろす体脱体験があわせて報告されます。また、病気の発作で緊急手術をした患者が体脱して「天井から手術の模様を逐一見ていた」という報告も多くあります。

瀕死の状態では体が動かないので、先の金縛りに伴う体脱体験と似た状況にあります。目は開けられなくとも耳が聞こえていれば、周りの様子がある程度把握でき、上から見おろした光景を想像できるでしょう。瀕死状態ならば、体の方は無意識の回復力にゆだねるしかないのですから、意識は体脱しているくらいが丁度いいのかもしれません。

音楽家やスポーツ選手が「パフォーマンスに集中する間に体脱体験をした」という報告もあります。これも、スピードが大切な局面では、意識であれこれ考えるよりも無意識にまかせる方がうまくいくためでしょう。

臨死体験や体脱体験、そして金縛りや明晰夢を、一括してひとつの精神状態として分類できる可能性がほのかに見えてきます。最近、それを具体化した説を米国の神経科学者で神経内科の臨床医でもあるケヴィン・ネルソンが提唱しています。

ネルソンは、神経系のバランスに注目しました。人間の覚醒状態は交感神経系ホルモンで維持され、睡眠状態は副交感神経系ホルモンで誘導されています。そして人間は通常、覚醒状態では睡眠の仕組みが抑制され、逆に睡眠状態では覚醒の仕組みが抑制されます。そして、この双方はシーソーのように、両神経系のホルモンでたがいに抑制しあっていて、副交感神経系ホルモンが支配的な睡眠状態では、一般に脳の活動度が低いのですが、夢見状態では例外的に脳の活動度が高くなっています。

こうした関係はよく知られた生理学的事実ですが、ネルソンは臨死体験や体脱体験を経験する精神状態を、覚醒状態、睡眠状態（いわゆる深い眠り）、夢見状態（いわゆる浅い眠り）に次ぐ、特別な精神状態とみなしました。研究者の間では「第四の精神状態」とも呼ばれるこの精神状態では、神経系のバランスが崩れて相互抑制が効かなくなり、交感神経系と副交感神経系の両方が活性化した状態にあると考えたのです。

たしかに、幽霊にかかわる現象を体験する局面では、覚醒状態の特徴である意識的でかつ自覚的な側面と、睡眠や夢見状態の特徴である「無意識の顕現」や「感覚の変容」

などの特異的な側面が、同時に現れています。だから、第四の精神状態を「幽霊体験の精神状態」と言いかえても悪くないでしょう。

さて、ここまでさまざまな幽霊体験を吟味してきた結果、幽霊体験に共通した精神状態が見えてきました。科学的知見を集約すれば、幽霊体験は「幽霊が現実に存在する」とみなすより「体験者の精神状態の産物」と考えるほうが妥当に見えます。

ただし、貴重な体験を「単なる個人的な脳内現象」と過小評価してはなりません。夢の中でイメージトレーニングしたり、生活上のヒントを得たりできるのと同様に、幽霊体験を日常生活に利用できる見込みがあります。そこに、ある種の「明るい幽霊」が社会的存在となりえる兆しが見いだせるのです。

# 「半」の部——超能力現象を半信半疑で検証する

「反」の部では、幽霊体験や迷信などを科学的に考察し、とくに恐怖や不安による幽霊現象といえる「怖い幽霊」の部分を取り除いてきました。それでもなお、幽霊に相当する何らかの存在がこの世界には残っているでしょうか。残っているとすれば、私たちの世界観を刷新させるような知見が隠れているのかもしれません。

そこで、その世界観の刷新を追究していくための切り口として、この「半」の部では、さまざまな超常現象をひき起こす、いわゆる「超能力」に着目します。幽霊に関する研究に比べて、超能力に対しては、科学的手法による厳密な研究が積み重ねられてきました。テレパシーや透視、あるいは念力といった現象が、「超心理学」という学問分野において一〇〇年以上にわたって研究され、これまでに一定の肯定的結果を示してきているのです。

しかし、肯定的結果といっても、実用的に使える大きさではありません。仮に超心理学の成果通りに超能力を持つ人がいて、その人が霊能者だと称していたとしても、その「霊能力」は効果が小さすぎて役に立ちません。ときに何かを当てることがあったとしても、それ以上に当たらないことが多すぎて、霊能力の結果はとても信用できないのです。

この「半」の部では、超心理学の成果をもとにしつつ、かといって幽霊や霊魂といった概念からは距離をおいた「半信半疑」のスタンスをとります。そして幽霊の真偽判定というよりは、幽霊体験の中に科学を発展させる萌芽を探求していきます。

こうした検討を重ねていくと、超常的な能力がどのように発揮されるかは別にして、どうも幽霊体験にしても超能力にしても、人間の「無意識」がかなり大きな役割を果たしていることが明確になっていきます。

私たちの日常的な生活を支えているにもかかわらず、ふだんあまり注目されていないこの無意識に目を向け、その重要性を改めて理解する。それが「半」の部のテーマです。

# 第四章　超能力と夢の中の世界

## 体験から実験へ

一八世紀に活躍したスウェーデンの科学者であるエマヌエル・スウェーデンボルグは、遠隔地の火災を透視した人として有名です。

一七五九年の夏、彼は、スウェーデン南部の港湾都市ゴッテンバーグの商人に招かれ、晩餐会に出席していたところ、ひどく心配げに「いまストックホルムで火事が起きている」と言いだしました。彼の話は火災がどこから始まり、どこまで燃えているといった詳細にまでおよび、宴席は騒然となります。客の多くは、その四〇〇キロメートルほど離れた首都ストックホルムから来ていたので、動揺はなおさらだったのです。翌日、ゴッテンバーグの市長がスウェーデンボルグの発言を聞きつけ、その透視談を記録にとりました。宴会の二日後、ストックホルムから火災の情報がゴッテンバーグにもたらされましたが、その様子はスウェーデンボルグが述べたものとよく合致していたのです。
スウェーデンボルグは、化学、工学、地学、数学、医学などの分野で一五〇件以上の著作を発表している人物ですが、それだけではなく、霊界を霊視したという記録も多数残しており、のちの心霊思想にも大きな影響を与えた人物でした。

さて、火災の透視の件といわゆる霊視現象を比較すると、私たちは興味深いことに気づかされます。どんなに霊界を詳しく見たと言っても、それを他人が確かめることはほとんど不可能ですが、遠隔地の火災が見えたのであれば、それが合っているかどうかは客観的に確かめられるのです。

こうした考えから、幽霊にまつわる現象をたんなる体験にとどめることなく、実験的に調べる着想が発展しました。何度も繰り返して実験できれば、第二章で述べた、当たったように見えただけのお守りの効能など、社会的な問題ともなる錯覚を排除することができます。

一九世紀には、交霊会で生じる現象を研究対象とする「心霊研究（Psychical research)」がさかんになり、一八八二年には研究団体である英国心霊研究協会が発足しました。交霊会とは、文字どおり霊と交信、コミュニケーションをはかろうとするもの

J・B・ライン（1895 - 1980）

です。テーブルの振動や奇妙な音、物体の出現などの現象や、霊媒を介して霊界からもたらされる情報を分析し、幽霊や霊界の存在を明らかにする目的をもっていました。さきのストックホルムの透視も、霊魂のような存在が遠隔地まで訪れ、そして帰ってきて情報をもたらしたのだと解釈されるのです。

交霊会における心霊研究には、当時の第一線の自然科学者も研究陣に加わっており、最初の三〇年間ほどは世間の注目を非常に集めていました。しかし、急速に研究が進んだ物理学などの自然科学が提示する「科学的世界観」との齟齬が大きくなり、何より交霊会の場でトリックなどを用いた演出や詐欺的行為が発覚するに至って、一九一〇年を過ぎたころから心霊研究は低迷期を迎えます。

一九三〇年代になって低迷期を救ったのが、米国デューク大学で心理学の教授をつとめたジョゼフ・バンクス・ラインでした。ラインは、一般の実験協力者を暗闇で行う交霊会ではなく、明るい実験室に招き入れました。そこでトランプのようなカードを用いた実験を繰り返し、そのデータを分析する「超心理学（Parapsychology）」を提唱したのです。ちなみに、私が研究滞在したライン研究センターは、このラインが同大学に設立した「超心理学研究室」の流れを汲んでいます。

さて、超心理学の研究成果をもとにラインは、交霊会でもなく、また霊媒がいなくとも、一般人が透視やテレパシーの能力を発揮することができると主張しました。その結果、超心理学は、幽霊や霊界の研究から少し離れ、テレパシーや透視、念力などの、いわゆる「超能力」を研究対象とする学問となったのです。

透視とは、隠れた物体や遠くにある物体の情報を知覚する能力であり、「テレパシー（Telepathy）」とは、人の考えを読みとる能力です。どちらも、通常の感覚器官を超えた知覚能力であるという点で、まとめて「ＥＳＰ（Extra-sensory perception）」と呼ばれ、日本語では「超感覚的知覚」などと訳されています。

ラインは、超心理学の実験のために、専用のＥＳＰカード（次頁、図11参照）も開発しました。ＥＳＰカードには、星印や波型のマークなど、五つのシンボルが描かれ、表を見ずにＥＳＰによってどのシンボルかを当てるのです。実験方法の簡便さも手伝い、

図11　ESP カード

世界中でこのカードを使ったＥＳＰ実験が行われるようになり、おどろおどろしい幽霊の研究から一転して、明るい人間心理の研究へと衣替えされたわけです。

カード実験の結果には、ＥＳＰ効果を肯定するものも否定するものもあったのですが、それらを総じて統計分析すると、若干の肯定的結果が得られています。とはいっても、一〇〇枚実験した場合に、偶然には二〇枚しか当たらないところ、平均して二二枚当たるという程度のわずかな効果です。

当初、カードのキズなどで裏から表のシンボルがわかってしまったのではないか、なども批判されましたが、ついたての向こうで実験者が持っているカードを透視するような厳密な実験でも、同程度の効果があがっています。

交霊会から実験室での厳密な研究へと衣替えされたものの、超常現象の追究という意味で超心理学の研究対象は従来の心霊研究の研究対象と重なり合っているので、超心理学の成果は「幽霊の存在の証し」になるとも考えられます。一方で超心理学は、科学的な方法にのっとって諸現象を統計分析する研究ですので、超心理学において成果が出るのであれば、既存の科学との橋渡しになる可能性があります。

本章ではＥＳＰカードの実験を踏まえて、その次の時代、一九六〇年以降から注目された、さまざまなＥＳＰ実験を中心に、超能力と意識状態の関係を見ていきます。超心理学が追究する現象こそが、幽霊体験に不可欠な要素と理解できるはずです。

### 夢テレパシー実験の成果

ＥＳＰカードの実験は、簡便に行えるメリットはありましたが、一〇〇枚につき偶然よりも二枚多く当たる程度では成功率が低く、まして実用にはほど遠い状態でした。超心理学者が、成功率が低い主要因として狙いを定めていたのは「飽き」です。なにしろカード実験では、提示されたカードのシンボルを一人当たり数百枚もえんえんと当てるように要求されるので、実験に参加した被験者の意欲はすぐに低下してしまいます。

カード実験では、特定のシンボル群のいずれかがＥＳＰ効果を発揮すべき対象、つまり「ＥＳＰターゲット」になっており、被験者はそれがどれであるかを短時間のうちに選ぶよう強いられますが、それに対して、自由に自分の得たイメージを応答する実験方法が編み出されました。この実験では、封筒に入れて見えないようにしてある絵や図形、あるいは遠隔地の様子などを、ＥＳＰを発揮する対象にし、被験者は心に湧き出るイメージを、自由に口述したり紙に描いたりすればよいのです。

しかし、たしかに自由応答の実験には、飽きにくいという利点はありましたが、実験の準備や実施に手間がかかり、多くの回数をこなせないという難点と、自由に記述された情報をどのように統計分析するかという問題がありました。そのため、初期の超心理学では本格的に取り組まれることはありませんでしたが、そうしたなかで一九六〇年代に新たな道を開拓したのは、米国の精神科医で超心理学者でもあったモンタギュー・ウルマンです。

彼は、報告されるＥＳＰ体験の多くが、体験者の夢の中に現れたイメージがもとになっている、いわゆる「正夢」であることに着目しました。そこで、夢を利用したＥＳＰ

実験が実施できれば、成功率を上げられ、回数を多く行えない難点も補えると考えたのです。

統計分析の問題も、絵や図形を事前にたくさん用意することで解決しました。これをターゲット候補にし、そこからイメージの送り手が無作為にひとつを真のターゲットに選びます。それに対して被験者がESPを発揮し、ターゲットの様子を記述します。その情報をもとに、真のターゲットを知らない判定者が、どのターゲット候補に近いかを判断するのです。首尾よく、真のターゲットに近いと判定できたら「当たり」となります。

夢を利用したこの「夢《ドリーム》テレパシー実験」は最初、ウルマンの勤め先であるニューヨークのマイモニデス病院の地下に設置された、睡眠実験室で行われました。

まず、超能力とは無縁の一般人から実験の協力者をつのって被験者とします。その被験者は実験室のベッドで眠りにつきます。そのとき別の隔離された部屋では、無作為にターゲットとなる絵が選ばれ、「テレパシー」の送り手役の実験者が準備をしています。真のターゲット、つまりどの絵のイメージをテレパシーで送るかは、送り手役しか知りません。被験者が眠りについてから通常九〇分くらいで、被験者の脳波から夢見状態が検出されますから、それを技師が検出したら送り手に合図がなされ「送信の努力」が始められます。そして一〇分ほどの時間が経過した後に被験者は起こされ、いま見ていた夢の内容を聞かれ、そしてまた眠りにつく、ということを繰り返します。

同じターゲットについて一晩にこの手順を四、五回行い、集まった口述情報はすべて判定者に渡されます。判定者は、八個ないし一二個あったターゲット候補のうち、口述情報がどれに近いかをランキングします。そしてそのあとに、送り手役が記録した真のターゲットがどれであったかを確認し、それがランキングの上位半分に入っていたら、テレパシーによるESP効果が発揮された可能性が認められ、実験は成功です。

この夢テレパシー実験の成功率は高いものの、実験の実施効率が悪く、七年間かけても三七九回しか行えませんでした。設備もスタッフも大がかりになり、深夜勤務を強いられる関係者にとっては肉体的・精神的負荷も大きかったのでしょう。

そこで、もっと簡便な実験方法があみ出されました。隔離した実験室のコンピュータに多くの絵を格納しておき、夜間にランダムにひとつの絵をモニター画面に表示して、そしてこのモニター画面を、複数の被験者が遠隔地から夢の中で透視するのです。したがって人間の送り手は不要になりますが、他のさまざまな実験研究から、送り手がいな

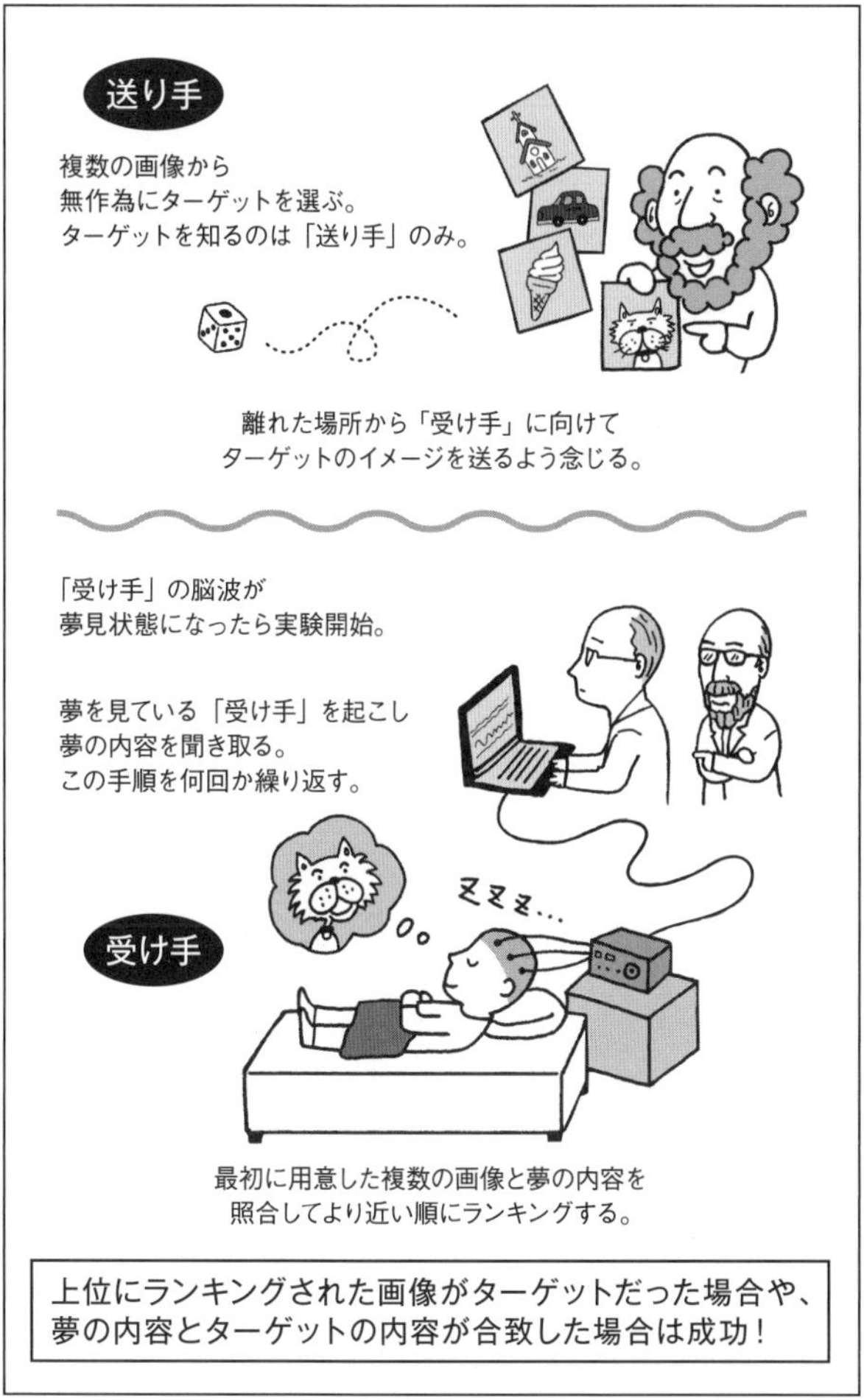
送り手
複数の画像から
無作為にターゲットを選ぶ。
ターゲットを知るのは「送り手」のみ。
離れた場所から「受け手」に向けて
ターゲットのイメージを送るよう念じる。
「受け手」の脳波が
夢見状態になったら実験開始。
夢を見ている「受け手」を起こし
夢の内容を聞き取る。
この手順を何回か繰り返す。
受け手
最初に用意した複数の画像と夢の内容を
照合してより近い順にランキングする。
上位にランキングされた画像がターゲットだった場合や、
夢の内容とターゲットの内容が合致した場合は成功！

図12　「夢テレパシー実験」の手順

くともＥＳＰ効果はほとんど減少しないことが知られています。

つまり、人間の送り手がいたとしても、もともとターゲットのありかを指し示す役割をしているだけであり、送り手による「送信の努力」はＥＳＰ効果に影響がなさそうだとされています。

この簡便な実験の被験者には、夢を覚えておくことが上手な人々が起用されました。被験者たちは、実験室のモニター画面に表示される絵を知りたいという思いをこめて、それぞれ自宅で眠りにつき、その晩見た夢を翌朝起床時に記録するのです。

その後、被験者たちが実験室に集まると、コンピュータの画面には四つの絵が表示されています。どれかひとつは夜間に表示されていたターゲットですが、他の三つはターゲットではない絵です。こうした一連の画面表示は自動でなされるよう、コンピュータにプログラミングされています。

被験者はそれぞれ自分が見た夢と照らし合わせ、四つの絵を、夢に近い順にランキングします。そして被験者全員分のランキングを合わせて、全体のランキングを作ります。そして最後に、コンピュータにどの絵がターゲットだったかを問い合わせ、全体ランキングの一位か二位にその絵が入っていたら成功です。

　こうした夢を利用したESP実験は世界中で行われ、マイモニデス病院での初期の実験を含め、二〇〇三年までに総じて一二七〇回行われています。その結果、偶然に成功する確率は五〇パーセントであるところ、五九パーセントの成功をおさめたのです。九ポイントの上回りはわずかに感じられるかもしれませんが、統計学的には「偶然ではない何かが働いた」と十分に認められる数値です。

## 緻密なガンツフェルト実験

　夢テレパシー実験のさらなる展開に寄与したのは、ウルマンの実験スタッフに加わっていた超心理学者チャールズ・ホノートンです。彼は、夢見に相当する心理状態に参加者を誘導できれば、昼間に実験ができる上に実験時間も短縮できると考え、試行錯誤を重ねていました。そこで彼が着目したのが、余計な刺激ノイズを減らす目的のために感覚心理学分野で開発された、ガンツフェルトという手法です。

　ガンツフェルトとは、ドイツ語で「全体野《ぜんたいや》」という意味で、視野全体が一様化している状態を指します。このガンツフェルトの状態に誘導するには、実験参加者を安楽椅子に寝かせ、両眼にピンポン玉を半分に割った半球をそれぞれかぶせて、そこに弱い赤色ライトを当てます。すると、被験者の視野は、どこを見てもぼんやりとした赤一色になるので、まもなく目が失われたように、視覚が減退してきます。このとき、同時に耳にもヘッドホンを通じてシャーというノイズを聞かせると、同様に聴覚も減退します。

読者の中には「無音の暗室に横になるだけで十分ではないか」と思われる方がいるかもしれませんが、そうではありません。人間の視覚や聴覚は、刺激が入らないとかえって感度が上がってしまい、無意味なパターンが見えたり、耳鳴りのような音が聞こえたりします。無音の暗室でも人間の感覚刺激は低下しないのです。

つまり、ガンツフェルト状態とは、刺激を与えない状態ではなく、変化のない一定の刺激が続く状態なのです。この状態では、意識はしっかりあるものの、視覚や聴覚の機能が低下しているので、外的刺激がほぼ遮断され、内的なイメージが生まれやすくなります。私自身もこの状態を体験しましたが、目や耳がなくなったような感じでした。外界からの刺激が感じられないという点では、夢見に近い意識状態になっていると言ってもいいでしょう。

夢のかわりにガンツフェルト状態を使用した「ガンツフェルト実験」は、予想どおりの成果を得ました。三〇分ほどでガンツフェルト状態に誘導された受け手の被験者は、

送り手
恐竜、こわい、
迫力満点、たいへん強い……

離れた部屋から「受け手」に向けて
コンピュータが選んだターゲットのイメージを送り続ける。

受け手
目にはピンポン玉の半球をかぶせ、
さらに赤いライトをあてる
ヘッドホンからはノイズ
が出ている

外的な刺激から遮断された状態で、思い浮かんだイメージを口述していく。
提示された複数の画像の中から抱いたイメージと一番近い画像を選ぶ。

**受け手が選んだ画像がターゲットと一致すれば成功！**

図13 「ガンツフェルト実験」の手順

心の中に現れたイメージを、まるで夢を見るように逐一語ります。それも、その内容が、遠くの部屋でＥＳＰの送り手が見ている画像と一致することを願いながら行います。こうした作業は一時間ほどで終わり、その後、被験者は提示された四つの絵から自分が抱いたイメージにもっとも近い絵を選びます。それが送り手の見ていた真のターゲット画像であれば実験成功で、ＥＳＰの効果が認められたことになります。

一九七四年から始まったガンツフェルト実験は、三〇年間で総計三一四五回実施され、うち一〇〇八回が成功しました。これは三二パーセントですから、七ポイントの上回りとなります。偶然に成功する確率は四枚に一枚で二五パーセントになりますが、偶然に五〇パーセントから九ポイントの上回りだったそれまでの夢を利用した実験と、ほぼ同等の効果があったとみなされます。

超心理学の研究者の間では、一九七四年から「失敗実験も含めて、実施した実験の結果は克明に報告する」ように奨励されています。分析の結果、この三〇年にわたる蓄積データには、失敗実験のお蔵入りはほとんど起きていないと見られています。つまり「偶然ではない何かが働いた」のです。超心理学者たちは「何か」とはＥＳＰにちがいないと考えています。一方で批判者たちは、その「何か」とは実験の隠れた不備ではないかと疑っています。したがって現在も論争が続いているというわけです。

しかし、たとえそれがＥＳＰであったとしても、実験の成果をふまえてＥＳＰを実用につなげることは、まだまだ難しいのが現状です。七〜九ポイント程度の上回りでは、小さすぎます。かつて米国陸軍がＥＳＰをスパイ活動に使おうと二五年以上にわたって研究していましたが、あまりに正確さに欠けるので結局断念しました。ときどき当たる程度の情報では、スパイ活動には利用価値がありません。

同様に、たとえ占い師がＥＳＰ能力をもっていたとしても、ときどき当たる程度では、占い結果に信をおいて、人生の指針にするには危険すぎます。なお、米国の占い師は通常「サイキック（Psychic）」と呼ばれています。これはもともと霊界からのメッセージを得る「霊能者」を指す言葉でしたが、そこから広がって、占い師や超能力者を指す言葉になったのです。現段階では超能力にしても霊能力にしても、占いと同じように実用からは程遠いと考えておくべきでしょう。

それでも超心理学では、現在も学術的な努力がなされています。実験の成功に寄与する要因をさらに分析して成功率を上げる研究や、小さな効果でも利用価値のある応用課題を見つける研究が続けられているのです。

## 体脱体験者はESP能力が高い？

ここまで見てきた「ESPは存在するか」という論争は、先の「幽霊は存在するか」という論争に似ています。賛成と反対が拮抗し、すぐに水かけ論の状態におちいるのです。ただ、ESPの存在に関しては、科学的方法にのっとったデータがあることが、大きな違いです。もっとも幽霊と同様にESPも、現在の科学的世界観に折り合わないため、より一層確実な証拠が求められています。

私自身は、「ESPが現実に存在するかどうか（現実基準）」を議論するよりも、「ESPがあるとすると、私たちにとってどんな意味があるのか（意味基準）」を議論するほうが、実入りがあると思っています。

そこで、体脱体験に話題を絞って、霊魂説とESP説を比較してみたいと思います。意味基準においてどちらが優れているかという判断をする練習です。そして、この場合の意味は、学術上の意味です。つまり、実験データをよりよく説明し、将来の実験結果を的確に予測できる仮説を「より意味がある」と判断します。なお、ここでは超心理学の実験データが正しいという前提で議論しますので、そこはご注意ください。

先に述べたように、超心理学の源流は、霊魂説にもとづいて研究する心霊研究です。体脱体験は、幽体離脱にほかならず、そうすると肉体を抜け出た霊魂が遠くの出来事を見て帰ってくることも、霊魂説に沿えばありえそうなお話です。このように霊魂説では、透視も霊魂の働きで説明され、被験者の霊魂が抜け出て透視するか、別の霊魂が透視した情報を霊的なコミュニケーションで感知するか、のいずれかだと考えるのです。

一方の超心理学は、霊魂を前提とすることなく、体脱体験についてもESPという超能力でまずは説明します。人間には離れたところの情報を得る未知能力があり、その能力によって得られた情報にもとづいて、自分が遠隔地にいるような体脱の感覚をつくり出しているのだと考えます。

霊魂説にもとづけば、体脱体験したときはESPを起こしやすいと予測できます。現に、頻繁に体脱体験する者に、天井の棚に置いてある絵を体脱して見てきて欲しいと依頼して、きわだった成功をおさめた実験例が複数あります。ところが、その後の研究の蓄積は、別の方向を指し示しました。

ながらくライン研究センターで研究部長を務め、論文誌「超心理学」の編集長も兼ねていた超心理学者ジョン・パーマーが、過去の研究で蓄積された実験データから、一九七八年に鋭い知見をひき出したのです。ESPと体脱体験の関係を精査した結果から、よく体脱体験をする者は、たとえ体脱を体験していないときでも、ESP実験の成績が総じて高かったことを見いだしました。つまり、体脱をして見て帰ってくる設定のESP実験だけでなく、ふつうのESPカードの実験も成功率が高いのです。

パーマーの統計分析結果によると、ESPの成功に体脱が必要なのではなく、むしろ、ESPが成功しやすい条件が、体脱体験をしやすい条件と重なり合うという可能性が示されたのです。そもそも伏せられたカードや、封筒に入れられた絵などのターゲットは、たとえ体脱していたとしても見えないはずなので、体脱を重視する霊魂説には、弱点がありました。

そこで、パーマーが着目した条件は特有の精神状態です。かつての膨大なカード当て実験の結果全体を通して見ても、催眠状態やリラックス状態、そして無意識の行動を重視する実験設定で、ESPの成功率が上がっていました。パーマーは、体脱体験を経験しやすい精神状態がすなわち、ESPが発揮されやすい精神状態であると考えたのです。

パーマーの分析は、体脱体験とESP実験の結果を総合的に説明するには、霊魂説よりもESP説のほうに意味があると示したことになります。霊魂説は、体脱体験を説明してもＥＳＰ現象をうまく説明しないのです。その一方でＥＳＰ説は、ＥＳＰ現象を説明したうえで、そこから統一的に体脱体験も説明できます。ＥＳＰ発揮が被験者の能力であるとすると、被験者の精神状態との関係が議論しやすいので、その点から見ても役に立つ説と言えます。

この被験者の精神状態には、前章で扱った「第四の精神状態」が相当しそうです。体脱体験や明晰夢が起きやすい「幽霊体験の精神状態」は、同時に、ＥＳＰが起きやすい精神状態でもある可能性が濃厚なのです。まさにＥＳＰに科学的に取り組む超心理学研究が進展すれば、霊魂説を導入せずとも、幽霊体験が科学的に支えられることになるのかもしれません。

## 超能力の個人差

体脱体験や明晰夢の起こりやすさに個人差があるならば、ＥＳＰの発揮能力にも個人差があると推測されます。ガンツフェルト状態におかれた被験者の中にも、ＥＳＰに適切な精神状態になる者とならない者がいるでしょう。ＥＳＰ実験の成功率を高めるためには、前者の被験者を増やすと効果が上がることが予想されます。

実際のところ、ガンツフェルト実験では、成功しそうな被験者に繰り返し参加をお願いすることで全体の成功率が上がります。過去のガンツフェルト実験についても、優秀と思われる被験者を選抜して行った実験の成功率がきわめて高いのに対して、選抜せずに参加させた実験での成功率は総じて偶然平均にとどまっている、と分析されています。

ラインの時代の超心理学者たちは、「誰でも訓練するとESP能力が高まる」と考え、訓練法の開発に邁進《まいしん》していましたが、あまりうまく行きませんでした。月並みのESP能力は万人にあるとしても、学術的な実験で相応の結果を残せるほどの際立ったESP能力は、際立った身体能力や芸術的感覚がほとんど天性の才能であるように、一部の人々しか身につけていないものなのかもしれません。

それに、際立ったESP能力にはデメリットもありそうです。際立ったESP能力に第四の精神状態が必要であるとすると、明晰夢のところでも述べたように、ふだんから想像がありありとしすぎていて、日常生活に支障が出てしまいそうです。

本章では、正夢の一部をESPと考え、夢を中心にESP実験を行う試みを紹介しながら、膨大な実験結果を通してESPの存在が現実味をおびてきていることを見てきました。また、ESP現象を通して幽霊体験を議論できる余地も見えてきました。ですので、幽霊の存在を議論する前に、ＥＳＰの存在を議論することが幽霊理解への早道にも思えます。

ＥＳＰの存在を示すには、ＥＳＰの日常的な利便性を追究していく必要があります。しかし、たとえばテレパシーがあったとしても、効果が小さくてすぐには使えません。今日のように携帯電話があれば、うまく能力が発揮できたかどうかも不確かなテレパシーをわざわざ使う必要がないのです。だからＥＳＰが社会的存在になるためには、べつの実用的な用途が示されねばなりません。

# 第五章　それは誰のしわざか

## 奇術トリックと超能力者

高校時代の私は、アマチュア・マジシャンでした。カードマジックを中心に、奇術のトリックの研究をしたり、テクニックを磨いたりしていました。自分でただ楽しむだけでなく、デパートの奇術用品売り場で実演販売員として働いたこともありました。

ちょうどその頃です。ユリ・ゲラーという自称超能力者が来日し、テレビで「超能力」を実演して、とても大きな話題になっていたのですが、私はそのゲラーの超能力が本物なのか、それともトリックなのかが知りたくなりました。ゲラーの主要な超能力は、「スプーン曲げ」です。奇術トリックにもスプーンを曲げる方法はいくつかあるのですが、ゲラーの実演手順の中にそうしたトリックが入る余地があるのかどうか、自分で調べてみたいと思ったのです。

さすがにゲラー自身に会うことは難しかったのですが、ゲラーに触発されて「超能力が開花した」という子どもたちには会うことができました。ある研究機関で実験が行われていることを聞きつけ、その手伝いをすることで実験に立ち会う機会が得られたのです。被験者の多くは当時中学生であったので、年齢の近い私たち高校生や大学生が「相談相手になったり、場を盛り上げたりする」という重要な任務も負っていました。

その実験中、あるいは実験の前後には、私というマジシャンの視点から見ても、トリックとは思えない奇妙なことが断続的に発生していました。スプーン曲げについてだけ簡単に触れれば、たとえば、私たちで用意したスプーンが、誰も手を触れていないのに私のポケットの中で「ねじれた」ことがありました。

これをトリックで行うには、第一に、隠れたところで力まかせにスプーンをねじっておき、それをねじれていないように見せながら、ポケットに入れさせる方法、第二に、温めるとねじれてしまう特殊合金のスプーンとすり替える方法が考えられます。

しかし、私はマジシャンとして、そうしたトリックについて十分注意していたのにもかかわらず、その現象は起きたのです。私も知らないトリックを、年下の彼らが使っていたとはとても思えませんでした。それに、もし本物のマジシャンであっても、ふるまいでわかるという自信も私にはありました。

だから、それでもなお超能力を否定する余地はというと、その場に立ち会った私たちが皆、集団催眠にかかってしまっていたという解釈くらいしか思い浮かびませんでした。催眠中に、奇妙なことを目撃した暗示が与えられ、本当は力まかせにねじられたスプーンを、私たちがそうとは知らず意気揚々と持ち帰ったということです。

もしかしたらそうだったのかもしれません。科学者はあらゆる可能性を吟味しなければならないのです。多くの人々の前で繰り返し起こることが少ない「再現性が低い」現象は、とくに注意が必要です。繰り返し起こらなければ、実用的な利用価値も低くなってしまうので、意味ある現象となりにくいからでもあります。

さて、超心理学の代表的な研究対象は、前章のＥＳＰと、スプーン曲げや物体移動などのＰＫです。ＰＫは、「サイコキネシス（Psychokinesis）」の略で日本語では「念力」とも訳されています。本章では、まずこのＰＫに注目していきましょう。

ラインが超心理学をはじめた時代、サイコロを使って「念じた目を出す」という形のＰＫ実験も行われていました。しかし、少しＰＫの存在に肯定的な結果が得られてはいましたが、顕著なものではなかったため、サイコロＰＫ実験にはそれほど注目が集まりませんでした。

一方、スプーン曲げや物体移動などの大きなＰＫ効果を扱う実験には、それを長期に安定して行える能力者が必要です。にもかかわらず、そうした能力者はめったに現れないため、研究自体が進まないというのが現状なのです。また、大きなＰＫ効果を模擬する、つまりそれと見せかける奇術トリックも多く知られており、能力者とマジシャンを区別して見抜けるノウハウが研究者に必要となるという難点もあります。

かのゲラーも、超心理学の本格的な実験に協力したのは、米国スタンフォード研究所における一時期のみです。それもＰＫではなくＥＳＰの実験が中心でした。その実験の成功率はきわめて高かったのですが、追加実験には一切応じないゲラーの態度が、「もしや何らかのトリックだったのでは」と疑念を生みました。彼のＰＫ能力のほうも、同等の現象をトリックで行えることから、その真偽はいまだに闇の中です。

以上のような事情で、ＰＫを論じる場合には、私自身のスプーン体験と同様に、実験結果によらない、逸話的な話にもとづかざるを得ません。このため、「ＥＳＰはよいとしても、ＰＫは存在しないのでは」と、ＰＫ現象自体に疑問を呈する超心理学者も少なくないのです。

ここでは、「PKが存在するかどうか」の議論はさておき、「存在するとした場合にどんなことが言えるか」を検討します。幽霊否定派からみれば、幽霊もPKも存在しないのであるから、無用な議論に見えるでしょうが、これは検討作業を続けるための暫定的な仮説の模索と、とりあえず理解してください。

そして、PKを検討する際のキーワードは、「無意識」と「社会性」です。

### 幽霊かPKか

まず始めに、幽霊体験におけるPKを考えてみましょう。かつての心霊研究では、PK現象も「幽霊のしわざ」とされてきました。幽霊が目撃されるという屋敷で、床や壁、天井を叩くような音、いわゆるラップ音が聞こえれば「幽霊の足音だ」、椅子や皿が自然に動けば「幽霊が動かした」、幽霊のような姿が写真にとれれば「心霊写真だ」などとなるのです。霊魂説によると、こうした幽霊は、霊魂が幽体をまとって物理的現象を起こすとされているようです。

しかし、奇妙な物理的現象が起きたとしても、たとえそれが物理法則を超えていたとしても、「幽霊のしわざ」とみなすのは早計です。生きている誰かが、PK能力を発揮して物体移動や念写をしたとも考えられます。これをPK説とした場合、霊魂説と比べてどちらの説により意味があると言えるでしょうか。

ラップ音について検討すると、「足音のような音」が聞こえるので、人はまず「誰かが歩いているんだ」と考え、「しかし隣室には誰もいないはずだ」と思い返し、「幽霊に違いない」などと推論が進みます。足音から人を想像するのは、私たちの素直な思考の働きです。たとえば、隣室で友人が歩き回っている様子が聞こえている場合には、「隣室に友人がいる」というのはとても有効な推論です。ときには、足音だけで友人が何かに悩んでいるようだとさえ感知できます。

しかし、単なる足音を幽霊にまで拡大する必然性はありません。足音の主がわからないときは、「足音のような音が聞こえる」だけに推論をとどめるので構わないはずです。そもそも、「幽霊には足がないと聞くが、なぜ足音がするのだろうか」などと考えれば、幽霊には至らないのではないでしょうか。

このメカニズムは物体移動についても同様です。「誰もその物体を動かしていないはずだ、だから幽霊が動かしたにちがいない」などと推論されるわけですが、「幽霊はどうやって物を動かすのか」には答えていません。むしろ「壁を通りぬける幽霊が、なぜ椅子や皿は持てるのだろうか」などと考えれば、矛盾が感じられます。霊魂説によると、物体を持つときは幽体が物質化しており、壁を抜けるときはその物質化がとけるそうですが、場当たり的な説明に思えます。

ラップ音や物体移動は「生きている誰かがＰＫを及ぼした」とみなし、同様に「幽霊らしき写真」はＰＫによる念写だとすれば、「幽霊とはどのような存在か」といった余計な説明はいりません。確かに「では、ＰＫはどうやって物を動かすのか」という疑問は依然として残りますが、この説明は難問なので、とりあえず脇においておきましょう。

しかし、かわりにＰＫ説をとれば、ＰＫの現れに意味を見いだすことができます。前に夢で行った心理分析に相当する吟味が可能なのです。

たとえば、「ＰＫを発生させる背景には、当事者が暗に抱えた不安がある」などと心理分析に生かせれば、ＰＫの生活上の意味は大きいと言えます。念写された画像パターンからは、ＰＫを発揮した者の無意識が伝えたかったメッセージが読み取れるのかもしれません。

この観点から具体的な事例を見ていきましょう。

## ポルターガイスト

心理分析の意義が示される典型的な事例群に「ポルターガイスト」があります。ポルターガイストは、ドイツ語で「騒がしい霊」という意味ですが、超心理学者のウィリアム・ロールによって「反復性偶発的PK」とも命名されている現象です。これは、幽霊屋敷に特徴的な物体移動などの現象が、特定の場所でほとんど二か月以内の短期間に、集中的に繰り返されることを指しています。

ロールは、ラインの薫陶を直接受けた人物であり、ポルターガイスト研究の重鎮です。晩年の彼は、米国ウエスト・ジョージア大学で教鞭をとっていましたが、残念ながら二〇一二年に逝去しています。

ロールは、ポルターガイストが起きている数々の現場にのりこみ、物体の移動や浮遊のまさにそのときを目撃しています。なかでも一九六七年のマイアミでの事例では二〇〇回を超える物体移動を記録し、そのうちの一部は、ロール自身で持ちこみ管理していた灰皿やコップ、瓶などでしたが、それが、誰も近くにいない状況で場所を移動していたり、空中を浮遊してから落下したりしたのです。

ロールの徹底した調査によれば、ポルターガイスト現象には決まって「中心人物」がいます。現象は、その中心人物の周囲で繰り返されており、その人物が不在のときには何も起きません。中心人物はふつう、その屋敷に住んでいる子どもであり、多くは複雑な家庭環境にあって心理的な問題を抱えています。そして、その心理的な問題が解消されると、ポルターガイストは終息に向かいます。したがってポルターガイストは、幽霊のしわざなどではなく、中心人物による無意識のPKであると、超心理学ではみなされているのです。しかし、その中心人物が、現象を意図的に起こしているわけではなく、むしろ現象に当惑していることも少なくありません。

ポルターガイスト現象を中心人物の気持ちになって考えてみましょう。その現象はどこか「怖い夢を見るとき」に似ています。夢の中では無意識が物語の形をとって抱えている問題を表面化させていますが、多くの場合、意識がその問題を理解し調和がはかれれば、その怖い夢は現れなくなります。

一方のポルターガイストは、無意識がPK現象を起こすことによって、心中に抱えていた問題を表面化させたのだと考えられます。それも、亡くなった人の幽霊のしわざといった、都合のいい形をとっているのです。訴えかける先は、当の中心人物の意識というよりは、周囲の人々の意識です。家庭関係の不調和が人々に再認識されて改善に向かう兆候が現れれば、現象は終息するわけです。

外部の専門家、それはときには幽霊を鎮める宗教家、いわゆるエクソシストであったりもしますが、そうした人物が呼ばれたというだけでも、しばしば現象は終息を見せます。その理由は「家庭環境の見直しをはかろうとする周囲の人々の姿勢が、中心人物に伝わるから」ではないでしょうか。

ポルターガイストの現場では、「どのような物理的な力によって物体が動いたか」に注目するより、「この現象は何を訴えかけているのか」という心理分析の視点で考えるのが生産的です。仮にＰＫでなく、子どもが手の力で物体を投げていたとしても、この分析結果は、子どもの心の問題を解決するのに有効だからです。

また、動いた物体がその家庭において「象徴的な意味」をもつことが多くあります。たとえば、父親の持物だけが選択的に破壊されているとすれば、中心人物の父親に対する反感やコンプレックスの現れと推測できます。「数ある物体のうち、なぜこの物体が動いたのか」「それについて各自どのように思うのか」を関係者で話し合っていくうちに、解決の方向が見えてくるものです。

もっとも、ポルターガイストは、観察記録はいくつかあるものの、再現や実験をすることはほぼ不可能なので、これを科学的に探究することも難しいでしょう。

## こっくりさんの正体

しかし、ポルターガイストと似たような心理的構造が働くものに「こっくりさん」があります。

ご存知の方も多いと思われますが、五〇音の文字を並べた紙の上に十円玉を置き、その上に三人がそれぞれの人差し指の指先だけをのせて、「こっくりさん、こっくりさん、お出ましください」などと唱えると、出現した幽霊（＝こっくりさん）が十円玉を動かし、その言葉を伝える、とされています。三人は、自分の指に力を込めず、ただ十円玉にのせるだけ、というのが大事なルールです。

出現した幽霊に名前を聞くと、たとえば「は」「な」「こ」などと、ひらがなの上を十円玉が順に止まっていきます。ときには、その幽霊が亡くなった状況や無念の思いが吐露されたり、周囲の誰かの秘密を語ったりもします。そして、もしこっくりさんによって誰も知らない事実が紙の上につむぎ出されたならば、「たしかに幽霊のしわざだ」などと人は思ってしまうでしょう。

こっくりさんは、前のポルターガイストの例と同様に、「無意識のなせるわざ」と考えるのが妥当です。十円玉が動くのは、三人のうちの誰かの無意識の心の働きなのです。読者の中には、誰かが意識的に指へ力を入れたのだ、無意識に手が動くなどありえないと思っている方もあるでしょう。しかし、それが動くのです。

熟練した演奏家は、無意識に手が動いて楽器を奏でます。無意識であるはずなのに、他の演奏家の音や観客のノリに応じて、調和した音に即座に変更することもできます。むしろ意識して考えていては、演奏に遅れが出て台無しになってしまいますから、無心に演奏できることこそが熟練の証しなのです。

演奏家でなくとも、たとえば朝起きていつものように歯を磨くときなど、私たちは歯ブラシを右に左に、タテにヨコにと複雑な行為をほとんど無意識に行っています。「いま自分は無意識だろうか」という反省的意識が働くと、すぐに頭の中が意識的状態になってしまうので、無意識状態であったことに気づかないだけです。単純な無意識行為の例には、「手足を交互に出して歩くこと」があげられます。意識して歩こうとすると、かえってうまく歩けないことは皆さんも実感できるはずです。

深層心理学では、無意識にも独自の意図や願望があると考えられています。夢の中が、それが表面化する格好の場であることは、すでに何度か述べました。こっくりさんは、そうしたもうひとつの場なのです。

ひとりの人間のふるまいとして、意識上の意図や願望と異なった、無意識のそれらが表にあらわれてしまうと、それは社会的にも問題となるでしょう。しかし、無意識の意図や願望が、こっくりさんの形をとって、霊からのメッセージとして出現すれば、問題とならずにすみます。たとえば、「誰かの秘密を自分が語る」と自分に問題がふりかかってきますが、「幽霊が語った」のであれば誰からもとがめられません。

さらに、十円玉に三人が手をおくことも、無意識にとって重要です。もし二人で行っていたときに、そのうちのひとりが疑り深く、人差し指を無意識にゆだねることがない状態だったらどうでしょうか。それでも十円玉が動くと、残りのひとりが動かしていることが明瞭になってしまいます。ところが、三人で行うのであれば、依然としてそれを相互に隠せるので大丈夫なのです。

余談になりますが、私が高校生のときにもこっくりさんが大流行しました。マジシャンを自称していた私は「幽霊のしわざ」に懐疑的だったので、意識を研ぎ澄ましてたびたびこっくりさんに参加しました。「十円玉にどちらの方向から力がかかっているか」

を注意深く観察することで、「誰が動かしているか」はおよそ特定できます。それは「こっくりさんが上手」とされる人たちでした。

上手な人とは、その人が参加すると、興味深いメッセージがよく得られる人です。私は、「こっくりさんが上手」な人の裏をかこうと、意識的に特定のメッセージを出すように自分の人差し指に力をこめました。すると「幽霊の言葉」はたいへんかく乱され、皆は当惑しましたが、私の意図には誰も気づいた様子はありません。そして、何度となくこのかく乱作業を試してみることで、私には、「上手とされる者」は皆、無心にこっくりさんに取り組んでいることがよくわかりました。彼らの意識はたんに、「幽霊の言葉」を受動的に期待しているだけであり、「何らかの演出をしてやろう」といった悪意はもっていないと確信できたのです。「演出をしてやろう」とする主がいるとすれば、それは彼らの無意識だったのです。

つまり、こっくりさんでは、覚醒状態において「意識側が意図して、無意識側に主導権をとらせること」が奨励されています。人によっては、意識と無意識がともに高まった「第四の精神状態」になることもあるでしょう。前章で議論したように、これはＥＳＰの発生しやすい精神状態なのです。

こっくりさんで実際にＥＳＰが働くことは少ないと思われますが、超心理学の知見からすると「ＥＳＰが起きてもおかしくない」と判断できます。つまり、仮にこっくりさんによって誰も知らない事実がつむぎ出されても、それは幽霊のしわざではなく誰かのＥＳＰによるものなのかもしれないのです。

昔のこっくりさんの流行は、「熱中した子どもが催眠状態におちいった」などという否定的な噂で下火になりました。その真偽は明らかではありませんが、心理学的にはありえそうな話です。「こっくりさんに遊びとして熱中することには、少々危険が伴う」と考えておくのがよいでしょう。

ポルターガイストが発生している屋敷では、こっくりさんの特別な利用価値があります。超心理学者の解釈によれば、ポルターガイスト現象は中心人物の心理的な問題に起因していました。そこで、こっくりさんで「幽霊の言葉を聞く」として、「中心人物」とおぼしき人を含めた関係者に参加してもらうのです。こっくりさんがつむぎ出す言葉は、「中心人物の無意識の語り」に相当するはずですから、その内容から心理的な問題を特定し、対処することが可能になります。的確に対処がなされれば、ポルターガイストも終息するはずです。

## シャイな無意識

ここまでの検討によると、ポルターガイストで物体移動をしていたのは、中心人物の無意識であり、こっくりさんで言葉をつむいでいたのは、参加者のうちの誰かの無意識でした。幽霊と思われていたのは、誰かの無意識だということです。

前章のＥＳＰ説と本章のＰＫ説を合わせた超心理説にもとづけば、「意識のコントロールを離れた無意識こそ幽霊の正体であった」と考えてもよいでしょう。夢に出てくる他人がしゃべるのは無意識のメッセージだと第三章で述べましたが、意識に働きかけようとした無意識が、幽霊のようなある種の人格の形をかりて現象を起こすのは、深層心理学の観点から見て「自然な現れ方」とも言えましょう。

しかし、こうした無意識の現れ方には、かなり遠慮がちな印象を受けます。こっくりさんでは、幽霊や他の誰かに責任転嫁しないとメッセージを伝えられないし、ポルターガイストでは、ごく限定した場所で短期間にかぎり現象を起こしています。何か当事者の意識、あるいは周囲の人々の意識を気にしながら、無意識はふるまうようです。これは、超心理学で究明されてきた超能力の出方においても同様です。

第一に、超能力は無意識の所産であるとみられる実験データがあります。このことは次章で細かく示していこうと思いますが、超能力を意識的にではなく、無意識に発揮する構図の実験の方が成功率が高いのです。

第二に、外向的な性格の人が超能力を発揮しやすいとか、開放的な状況において実験の成功率が高まるとかいった心理的・社会的傾向が判明しています。これにより、「超能力は、社会的に問題ない状況において発現しやすい」と解釈できます。実験を上手に行える超心理学者は、「超能力があらわになっても問題ない」という雰囲気を、心理面と社会面で形成するノウハウを会得した人だと言えます。

ESPに比べてPKの際立った能力者は少なく、実験でPKをとらえるのはとくに困難です。ESPと同様に、PKもありえると仮定した場合、この両者の違いは何に由来するのでしょうか。それは、社会的な許容度合いの差異が理由ではないかと、私は考えています。

PKがむやみに発揮されてしまったときの問題は、ESPの場合よりもかなり大きいと言えます。たとえば、ESPでどんなに重要な情報が透視できたとしても、それは直接的には思念の範囲にとどまるもので、物理的世界には影響がありません。ところが、

ＰＫでは小さな針ひとつを動かす程度のことでも、刺す場所によっては人の生死にも関与することができます。つまり、ＰＫはＥＳＰと違って、物理的存在に直接作用してしまうので、誰の目にも明らかな、客観的で確固とした現象とならざるをえないのです。そのため、公の場ではＰＫの発揮が抑制され、表面化しにくいのかもしれません。

超心理学者たちは、交霊会に似た実験設定でＰＫが発現する場に立ち会った経験から、「ＰＫは衆人の注目を避ける傾向がある」と指摘しています。実験でとらえようと企画したところでは現象は起きず、その周囲の注目度の低いところで現象が起きるのです。カメラが回っているときには現象は起きず、記録していたテープがきれた時点で出現し、記録が残らないことさえあったといいます。

私が立ち会った、能力があるという子どもたちの実験でも、同様の傾向がありました。本番の実験ではなかなかうまくいかないことも、その前後の、インフォーマルな状況では「お手のもの」だったのです。

実演の本番では疑り深い批判者が立ち会うことも多いので、現象自体が「人見知りする」かのように見える場合もあります。残念ながらこうした傾向が、「超能力者を自称する人々は、人目を盗んでトリックを弄している」という疑いをさらに深めるわけです。

しかし、物理的な条件は同じであっても、心理的・社会的条件が異なっている実情に目を向けるべきでしょう。

スポーツ選手が練習で個人的な技能をいくら磨いたとしても、一発勝負の晴れの舞台ではあがってしまうことがあります。衆人の目がある社会的場面では、つねに技能を実力どおりに発揮できるわけではなく、チーム競技であれば、チームワークの良し悪しもあるし、対戦競技であれば観衆の応援などの度合いも影響します。同様の社会性が、超能力にもあるということです。

深層心理学では、「意識によって抑圧された無意識が、個人の心理的な問題の根源になる」とされますが、超心理学では、「超能力の出現が社会によって抑圧されているので、その研究の進展が社会的にさまたげられている」ようです。しかし、これは逆に考えれば、「超能力の抑圧をくぐり抜けて、社会の片隅で発現した超心理現象は、社会全体の安定化と発展の仕組みを探るきっかけになる」ということでもあります。

# 第六章　未来がわかるとはどういうことか

## SFとタイムパラドクス

小さいころの私は、サイエンス《S》・フィクション《F》のファンでした。当時は、空想科学小説などとも呼ばれていましたが、H・G・ウェルズの『透明人間』やジュール・ヴェルヌの『海底二万里』などを読んでは、ファンタジーの世界を楽しみました。

研究者になってからは、小説を読む時間があったら科学の専門書や論文を読んでいる生活をおくっているので、SFからは久しく遠ざかっていたのですが、二〇一一年の夏にあった日本SF大会の記念すべき第五〇回大会には、超心理学の成果を紹介しながら、聴衆を被験者にした模擬実験を実施してほしいと頼まれて参加しました。

大会会場の一角に設けられた狭い実験スペースに五〇名ほどの聴衆が集まり、聞くところによると著名なSF作家も来場しているとのこと。これをきっかけに超心理学の成果をふまえたＳＦ作品が出版されればうれしいので、講演にも熱が入りました。

模擬実験には、自由応答のＥＳＰ実験を行いました。何も入っていない額縁を見ながら、各自そこに将来入るであろう画像を予想して、手元の紙に書いてもらう課題です。ひと通り回答してもらった後に、あらかじめ用意してあった多数のポスターからサイコロの目で額縁に入る絵をひとつ選びました。それは北欧の森にオーロラが出た写真のポスターだったのですが、それを額縁に入れて「正解はこれです」と示したところ、かなり近い絵を描いていた来場者が三名も現れました。

大学で学生相手に行う模擬実験では、いつも「何も見えません」という反応がほとんどなのですが、それをはるかに上回るＥＳＰの手ごたえです。ＳＦの愛好家は想像力が高く、クリエイティヴな人たちだからＥＳＰが発揮されやすかったとも考えられます。

ＳＦは、物語の舞台となる世界観の設定こそ奇抜なことが多いのですが、作品中には科学的知識が総動員されて、その設定を正当化していきます。したがって、そのＳＦ作品が描かれた時代には荒唐無稽な話であっても、長く時代が経過した暁には、現実のものになっていることがあります。『ウルトラマン』に登場する科学特捜隊が使用していた時計型のテレビ電話は、半世紀近くを経過した今では、実用化の段階に来ています。

かつてSFを楽しむ人々にのみ知られた心理的存在が、現代では物理的存在になっているのです。幽霊や超能力も、いつかはそうした物理的存在になるのでしょうか。

ともあれ、超能力の探究を進めるにあたって、SFの知見は大いに役に立ちます。本章では「タイムマシン」をとりあげますが、未来や過去へと時間旅行できる乗り物が可能であったならば、「物理的なパラドクスが起きる」ということは、皆さんも聞いたことがあるかもしれません。過去へと時間旅行をして、「もし自分の先祖を殺してしまったら、そのとき自分は生まれてこないのか?」、仮にそうであれば、「では、生まれてこないはずの自分がどうして先祖を殺せたのか?」という矛盾がその代表的なものです。

超常的な予言も同様に、「正しく未来を予言できる」とすると、それが起きないように行動すれば「予言が回避できる」ことになりますが、そうすると今度は予言が成立しなくなるというパラドクスを含んでしまいます。

SF作品の作り手は、いつもこうしたパラドクスへの対処に苦慮するわけですが、この矛盾を解消する対処方法を考えつけば、読者を魅了するSF作品の創作につながります。そしてSFだけでなく学術的研究も、こうしたパラドクスを巡る考察から貴重な成果が生まれるものなのです。

## 予知と透視

前に、ESPとはテレパシーや透視のことと述べましたが、ラインの時代から、ESPには「予知」も含まれていました。

封筒の中に入っていて見えないはずのカードに描かれたシンボルを当てる透視実験に、封筒の中にこれから入れるカードのシンボルを当てる、という予知実験を混ぜて行っても、両者はおよそ同じ成功率だったのです。これは、予知実験のターゲットシンボルは、被験者が回答を記録した後のタイミングで、まったくランダムに決まるのにもかかわらず、そうした結果だったのです。

もっとも、ラインの時代の超心理学者たちも、テレパシーや透視はまだしも、予知が可能であるという主張には消極的でした。予知は物理的常識からすると困難と思われているし、先のタイムパラドクスの問題も重くのしかかるからです。

しかし、カードの透視を連続して行った実験では、「誤って未来や過去のターゲットを答えている」と分析できる結果が得られたり、ターゲットとなる場所の風景を透視する実験で、「過去にあった建築物を描写している」とおぼしき結果が得られたりしたことから解釈が変わってきました。私たちの日常的な知覚は「いま」と「ここ」の情報を感知する一方で、ＥＳＰは「幅のある時空間」を感知しているように思えます。ＥＳＰでは、近い未来や過去、あるいはやや離れた場所の情報が一緒に感知されるようなのです。

テレパシーにしても、前に述べたように送り手の意義は小さく、送り手に提示されたターゲットを受け手が「透視している」とも推測できます。こう考えると、ＥＳＰは「時空間を少し超えた透視」として一括して理解できます。

未来を透視することに伴うパラドクスの問題も、透視の効果が絶対的でないことによって解決できます。そもそもＥＳＰはいつも成功するわけではなく、とても不確定な営みです。つまり、ＥＳＰは低い確率で成功するだけだから、たとえ透視された未来が起きないように行動したとしても、単に「透視に失敗したのだ」と分類されるだけなので、パラドクスまでには至らないのです。

古典的なＳＦに描かれたタイムマシンは、「過去から未来への時間軸に確定した世界が並んでいて、このどこへでも時間旅行できる」といった俯瞰的な世界観のものでした。しかし、そうであれば、未来は予言できるのかもしれませんが、それでは「未来は不確定なもので決定はされていない」という現代の科学的世界観に反しています。

実際、かねてより予知や予言というと俯瞰的な世界観が想定されて、すぐさま科学的世界観に反すると批判されていました。過去から未来までを並べて俯瞰できる言わば神の視点があるとすると、その神の視点に立つ者はどの時間を過ごしているのかという問題が発生するのです。

ここで再度、夢について考えてみましょう。夢の中に現れる現象は、いつも現在の出来事として体感されています。夢の中で過去を振り返ったり、未来を予測したりすることはまずありません。いわゆる正夢にしても、目が覚めてから「いま見た夢は何らかの予知ではないか」とあらためて思うもので、夢を見ている間は現在の出来事と認識しています。つまり、夢を後から振り返ってはじめて、そこには過去の体験の想起が含まれていたり、未来の出来事の予測が含まれていたりすると考えるのです。いつの出来事が夢に現れるかは、当事者の心理状態や何に注意を向けているかに依存しているようです。

超心理学の成果をそのまま受け入れるとすれば、ＥＳＰの現れ方も、どうやら夢に似ているようです。いつかどこかの情報が被験者の脳裏にぼんやり出現するのだが、どの情報が選ばれるかは重要性や価値に左右される。ふつうは「いま」と「ここ」の情報が比較的重要なのだが、たとえば「あっちのターゲットを感知するとＥＳＰと認定されてうれしい」などの場合には、離れた場所の情報が現れてくると考えられます。体からは離れた時空間の位置にある情報が重要で価値ある局面において、ＥＳＰが表面化すると解釈できるわけです。

つまり、ＥＳＰ実験を成功させるには、被験者にとって意味のあるターゲットを仕立て上げることが肝要なのです。そうでなければ、時空間に無数にある物体のどれをＥＳＰターゲットとみなしてよいのか混乱してしまうでしょう。

## 予感実験

そこで、未来のターゲットを意味あるかたちに仕立て上げた、現代的なＥＳＰ実験を開発したのが、米国の超心理学者ディーン・ラディンです。電気工学に詳しい彼は、指先の電気の流れやすさから心理的興奮を測る生理測定機器を用いた、１３９頁の図14のような予感実験の方法を考案したことでも有名で、現役で活躍する超心理学者の中では最も注目される研究者のひとりです。

この実験では、まさに興奮したときの「手に汗握る状態」を検出するわけですが、被験者の指に測定機器を装着し、モニターに表示される画像をランダムに見せます。画像の中には、牙をむいたクマやヘビ、事故や火災の現場写真などの「恐怖をあおる画像」と、かわいいウサギや花、美しい自然風景などの「平穏な画像」があります。当然、前者の画像が表示されると興奮度が上がり、後者の画像では下がります。前に述べたように、生き抜くうえで意味あるものが私たちの興奮を喚起させるのです。

ここでラディンは、画像表示「直前」の興奮度に注目し、「平穏な画像」よりも「恐怖をあおる画像」の表示前に興奮度が上がることを明らかにしました。被験者が、画像表示三秒前のブランク画面を見つめている状態で、知ることができないはずの「直後」に表示される画像の印象を、すでに予感しているようなのです。

予感実験は、その後の追試でも総じて肯定的な結果が得られており、超心理学者たちは確実な現象と考えています。この実験のうまいところは、生理測定機器で無意識の状態を直接検出している点です。被験者は、自分の興奮度が画像を見る前に上がったことは自覚していないので、「被験者の無意識のみが怖い画像を感知して、いち早く体を準備態勢にしている様子」を、生理測定機器でとらえたことになります。

私たちの無意識は、自分の将来をつねに予測・予知しながら、生存の可能性をあげて

無意識が恐怖を事前に感知する?
〔②恐怖をあおる画像〕
〔①平穏な画像〕
①か②の画像がランダムに映し出される。
指先に生理測定機器を装着
「恐怖をあおる画像」が映し出される直前に
被験者の興奮度が上がれば成功!

図14 「予感実験」の手順

いるのでしょうか。これについては、米国の超心理学者であるジェームズ・カーペンターならばYESと答えるでしょう。臨床心理学者でもある彼は、ESPを「初期視覚《ファーストサイト》」とする考え方を今世紀に入ってから提唱しました。人間は意識的知覚が働く前の段階で、自分の体の周辺で意味のある情報を無意識的に検出して、それに注意を向けているが、その検出には「つねにESPが働いている」という主張です。

## シンクロニシティ

さて今度は、「ESP現象がどのように発生しているのか」という仮説について考えてみましょう。超心理学の中で、現象の原理を説明する仮説は、これまでも検討され続けていますが、なかなか有力な仮説は形作られていません。しかしその中で、私が多少は見込みがあるとふんでいる仮説は「シンクロニシティ」というものです。この仮説の意義を少し解説しておきましょう。

まず、物理的な制限を超えた何らかの力が働いていると思われるようなデータが得られています。つまり超能力と呼ばれるものですが、たとえばESPのターゲットを遠くに置こうが、何重もの封筒に入れようが、実験結果に大きな違いはないとみられています。カード実験でも、シンボルの大きさを小さく印刷しても、また数を増やして印刷しても、これまた結果に違いはなさそうでした。

実験を重ねれば重ねるほど、物理的条件には左右されにくいことが明確になる一方で、128頁で述べたように、開放的な状況で無意識を重視した実験を行えば好成績になるといった、心理的・社会的条件は敏感に働く実態が浮き彫りになったのです。この奇妙な現象を説明するには、かなり突飛な仮説が必要です。

深層心理学者のカール・グスタフ・ユングが一九五〇年ごろに提唱したシンクロニシティは、この性質を完全とは言えないまでも、ある程度まで合理的に説明しています。

C·G·ユング（1875 - 1961）

ユングはスイスの精神科医で、もともとは心理分析の過程に有用な概念として、シンクロニシティの着想に至りました。シンクロニシティとは、ひと言で言えば「意味ある偶然の一致」で、物理的にはまったく無関係な二つの事象が、それぞれは偶然の挙動であるのに、双方の挙動結果をくらべると、意味のある一致を見いだせるということです。「共時性」と訳されることもあります。

たとえば、病気の祖母が病院で亡くなるまさにそのときに、自宅で祖母が愛用していた花瓶にヒビが入る、といった出来事がシンクロニシティに当たります。祖母が亡くなる時期には物理的な不確定さがあり、一方で花瓶にヒビが入る時期も室温や湿度といった周りの物理的状況によって、本来はまったく偶然に決まるはずです。そのため、二つの事象それぞれは、物理的には無関係なのですが、祖母の体の機能が失われるのと、花瓶の機能が失われることが同時に起き、その二つが「愛用していた」という意味ある関係で結びつけられています。

そもそもユングは、治療中の患者の心理状態が好転しかけているときに、それを象徴するかのように珍しい昆虫が治療室に飛びこんで来たといった体験をして、これをシンクロニシティだと考えたのです。そして、その仕組みを治療方針の決定に利用しました。彼は、物理的世界で偶然に起きる事象を「治療とのシンクロニシティではないか」と注目し、患者の治療の展開に有用な意味を、その事象から読み取ろうとしたのです。

ユングが注目した偶然起きる事象のうちには、ポルターガイストのような、超心理学が対象とする現象も少なくありませんでした。たとえば、ユングが霊媒の女性について研究しようとした時期に符合して、ポルターガイストのようなかたちで起きた現象があります。ユングはラインと同時代人で、ユングとラインの間では共感的な手紙のやり取りがあったことが後にわかっています。

次のユングからラインに宛てた手紙もその一例です。

それは一八九八年、一見なんでもないような単純な状況下で起りました。そのナイフはバスケットの中で一塊のパンの横に置いてあり、バスケットはサイドボードの抽《ひき》斗《だし》の中にしまってありました。私の老母は窓から三メートルぐらいの場所に腰掛け、私自身は家の外の庭にいて、召使いは同じ階の台所にいました。その時、家の中にはこれらの人々以外にはひとっこ一人いませんでした。そのとき突然ピストルが発射されたような音がして、そのナイフがサイドボードの中で破断されたのです。（中略）

私の考えでは、これら二つの事件はその頃私がある若い女性と知り合いになったことと関連しているように思われるのです。彼女はきわだった霊媒的能力をもった女性で、ちょうど彼女を実験材料に使ってみようと決心した矢先にこの事件が起ったのです。

（『ユング超心理学書簡』湯浅泰雄著訳　白亜書房刊）

ユングはこの手紙に、刀身が四つに破断されたくだんのナイフを撮った写真も同封してラインへ送っていました。

さて、シンクロニシティによるESP現象の説明はこうです。

実験のターゲットにどれが選ばれるかは偶然に決まり、被験者の回答もごく適当になされる。それぞれは物理的に無関係であるが、「実験ターゲットと被験者の回答がどれくらい一致したか」という判定がなされる関係にあり、一致したら実験成功で「被験者も実験者自身もうれしい」という意味がある。だから、偶然の確率を少し超えて、ターゲットと回答の両者が「同期《シンクロ》した」と考えるのです。実験の構図自体が透視であろうがテレパシーであろうが、それとも予知であろうが同期で重要なのは一致の判定時なので、大差ないというのです。

この理論は、超心理学分野で明らかになった心理的・社会的条件を、次のように比較的容易に説明できます。被験者が飽きてくると成功率が下がるのは、成功したときのうれしさという意味が低下するからで、ESPを疑う人々が実験すれば、成功率が下がるほうに意味があるので、失敗に終わるのも当然だとなります。

外向的な参加者が、開放的な状況で実験を行うと成功率が上がるのは、実験成功時の意味を皆で共有できるからです。疑り深い人が実験に立ち会うと、その人にとって実験は失敗したほうが意味ある結果なので、成功率は下がる方向にシンクロニシティが働きやすい。人によって「意味ある結果」が異なる場合は、シンクロニシティは綱引き状態になるので発生しにくいのです。

事象にかかわっている人々が、その「意味ある結果」を意識的にも無意識的にも求めているときに、シンクロニシティは顔を出し、ＥＳＰ現象となると説明されるのです。

## 幽霊と宇宙人は同じ？

ユングの超心理学への貢献は、シンクロニシティにとどまらない大きなものがあります。いわゆるＵＦＯの目撃事例と、幽霊目撃事例の共通点を分析し、それらは心理的に同様の根源をもった超常的体験であるとその晩年に指摘したのです。ＵＦＯに乗った宇宙人などは幽霊とはまったく違うものという感じがするかもしれませんが、両方とも異世界から来た者という共通性があるのです。それにもし目撃者にキリスト教などの特定の宗教的背景があれば、幽霊との遭遇は悪魔に会うことに匹敵するので、「幽霊を目撃した」と主張するよりも、「空飛ぶ円盤を目撃した」「宇宙人に会った」と主張する方がまだ無難だということになるのです。ときには、金星人や地底人なども登場しますが、これは目撃者の無意識があたかもSF作家のように創作的に働いた結果でしょう。

この指摘は、今日あらためて注目される状況に来ています。というのは、欧米では「宇宙人に誘拐《エイリアン・アブダクション》」され、気がつくと宇宙船の中で手足を固定されて寝かされ、身体検査や手術を受けたという訴えが数多くあるからです。お気づきのように、これは、日本における「地縛霊のしわざによる金縛り状況」と同類の構図です。宗教的に地縛霊を持ちだせない場合には、似た効果の別の「実体」がつくられるのだと言えます。

日本でも、超能力者を自称する人々には、「宇宙人に会った」と主張する人が多数います。超能力だけでも信じてもらえないのに、さらに宇宙人にまで言及するのは控えた方がよいと私は思うのですが、かなりありありとした体験らしく、本人たちはまじめに主張します。私が懇意にしているある霊能者も、幽霊だけでなくＵＦＯや宇宙人をよく見ると言います。そして、幽霊が過去の情報に関連するとすれば、宇宙人は未来の情報に関連しているという感触を述べています。これこそ、時間を超えたＥＳＰ現象がこうした体験の背後にひかえていることを暗示しているのではないか、と私は思います。

ユングの深層心理学によると、無意識の知恵を意識に伝える「老賢人《オールドワイズマン》」という象徴的な存在があるとされます。個々人の内的世界では、老賢人が幽霊の形をとったり宇宙人の形をとったりして意識を支えているのでしょう。もし、その場面が明晰夢を見るようにありありとしていれば、それがその人にとっての「現実」であってもいいわけです。要はその「現実」に個人として、そして社会として、どれほど意味があるかが重要になるのです。

## 主体性と因果性

多くの人々が認識している「現実」は、第一章でも指摘したように、じつは現実かどうかがあいまいであったり、明らかに現実とは異なる認識の結果であったりします。これまでシンクロニシティについて解説してきましたが、読者の皆さんの多くは、シンクロニシティが現実に存在するとはとても思えないでしょう。しかし、もし存在しているのであれば、私たちの認識こそがその受け入れをさまたげていると解釈できます。

私たちは「人間や多くの動物は、主体的に意図して行動する」と認識しています。これはかなり深く心に根づいている他者に対する認識であり、生まれながらに備わった、生き物と単なる物体を区別する認識機能です。たとえば、幼児は電線から飛び立つスズメの姿を見て「鳥さんはお空を飛びたかったので、飛んで行ったのね」などとして納得します。つまり、「飛ばない自由もあったのに、意図的に飛ぶことを選択した」と考えているのです。しかし、本当は外敵の接近など、「飛ばざるをえない状況での本能的反射行動」であったに違いありません。

こうした「主体的な意図行動」としての他者認識は、人間社会においてかなり便利に使えます。社会集団で起きた事柄が誰かの意図であれば、その人を説得して、起きた事柄をその後は変更できるかもしれないからです。

そして人間は、意図して一貫性のある行動をとる「社会的人間」になろうとし、他者にもそうした社会性を期待します。おたがいに相手の性格を知り、その人の行動の意図の仕方を知って、チームワークに生かすためです。

また、社会現象も「意図する主体が原因」として説明すると、私たちは理解しやすいのです。「政府の発表を嫌気して、株式相場は下落した」などと擬人的表現をとれば、本当はずっと複雑な関係でも、なんとなくわかった気になります。本書でもわかりやすさを求めて、何度となく擬人的表現を使用しています。

そう考えると、意識が自分の無意識を理解するときに、幽霊や宇宙人のような擬人化が出現するのも理解できます。文明黎明期の神話に登場する「神々のふるまい」も、同様の擬人化の結果とみることができます。

加えて、物事に「原因と結果の関係」、つまり「因果性」のあることが、「意図する主体」の概念を一層便利にしています。誰かの意図が原因だと考えると、実態はともあれ、わかりやすいのです。しかし、「結果には原因があり、またその原因をもたらしたのには、また他の原因がある」と考えると、結果をもたらす意図、その意図の原因、そのまた原因と、際限がなくなります。そこで結局、究極の原因となる「神の意志」が神話などには登場するのです。

主体性や因果性は、日常生活を行う上でうまく活用できる概念ではありますが、このように徹底して考察すると、根拠が薄い概念でもあります。実際に物理学では、両方の概念とも理論体系への位置づけがピッタリとしないので、明示的には研究されていません。むしろこれらは、哲学の探究テーマとなっています。つまり、主体性や因果性を除いた仮説のほうが、現状の科学的世界観にゆくゆくは整合する可能性が高いのです。

シンクロニシティにまつわる違和感は、概念に主体性や因果性が含まれないので、科学的な受け入れに期待がもてる反面、日常的な感覚ではなじめないことから発生しているようです。シンクロニシティによると、超能力は誰かが何かを行おうと「念じた」のが原因ではなく、心理的・社会的な関係の中に生じる同期現象《シンクロ》だと見なされます。

つまり、物理的には因果関係のない偶然の現象同士でも、今ここで起きた背景には、何らかの意味があるのかもしれないと考えているのです。だからこそ超能力は、個人の「能力」ではなく、超心理現象という心理的・社会的現象に位置づけられるわけです。

本章では、実験結果から予知の可能性を明確にして、予知を許容するような世界像を模索し、シンクロニシティという仮説を紹介しました。「人間が習慣づけられている主体性や因果性にはこだわらない」という視点に立てれば、シンクロニシティの受け入れが可能になってきます。

しかし、シンクロニシティの受け入れをさまたげる壁がなくなったとしても、それに積極的な意義が見いだせなければ、受け入れる必要が生じません。そこで、次の「汎」の部では、仮説をうんぬんするよりも、まず幽霊などの超常現象に実用性を見いだすことを優先してこの問題に取り組みます。

# 「汎」の部——超常と日常を合わせて広汎に考える

ここまで見てきたように、超心理学はまだ、超能力を説明する理論の点で未成熟な面があります。しかし、未成熟だとして否定するだけでは科学の発展は望めません。そこで、超常現象の研究から得られる成果を積極的にくみ取ればどのような展望があり得るか、という視点でながめてみます。すると、超能力の発揮には、幽霊体験と共通する無意識の仕組みがあることが浮かび上がってきます。

一方で無意識は、技能の習得や発揮などを通して、私たちの生活に重要な役割を果たしています。幽霊目撃や超能力発揮などは、一部の人々の特殊な体験と見なされがちですが、それらも無意識がなせるわざとなれば、人類全体に広汎に関わる一般的な機能となります。

そこでこの「汎」の部では、無意識の機能や役割をあぶり出していきます。無意識には、新しいアイデアを生む創造的な過程があります。そのときの精神状態は、幽霊目撃や超能力発揮などに伴う精神状態と類似しています。そうであればむしろ、特殊な状況で創造の過程が働いた結果のごく一部が幽霊などの超常的な体験なのではないか、とさえ見えてきます。

もし、幽霊体験をするほど想像力が高い人は、新しいアイデアを生む力も強いということになれば、幽霊に対する見方もかなり変わってくるでしょう。超能力についても、発明や発見を通して社会に役立てられるというのであれば、人々から受け入れられる見込みもあがってくるものです。その状況が達成されると、超常現象とされてきたものは、創造性を通じて、日常的な現象の延長線上にあるとして、広くとらえることが可能になります。

また、この議論を進めるにあたっては、幽霊などの超常現象が「有るか無いか」の二者択一ではなく、そうした現象が「どのくらい役に立つか」という、段階的で柔軟な見方が有益です。創造性などに役立つならばたとえ幽霊であっても少しは認めていこう、存在にまつわる無益な議論はもうやめようというのが、この「汎」の部のもうひとつの狙いです。

# 第七章　「無意識」の大きな可能性

## 「技能」を身につける仕組み

夏になると私は、よく北海道にドライブに行きます。

広々とした大地を分かつ一本道をどこまでも進んで行くのは、ことのほか気持ちがよいものです。景色を眺め、シートに響くエンジン音と車内に流れるお気に入りの音楽に耳を傾けつつ、同乗者との会話も楽しみます。しかし、同時に私は自分の視線を、路面、速度計、バックミラーへと次々にめぐらせ、手足もハンドルやアクセルの操作に忙しく動かしていますが、運転にまつわるわずらわしさは、ほとんど感じていません。

つまりこれは、「意識」が快適に高揚して会話などを楽しんでいる背後で、「無意識」が運転に関係する複数の仕事を並行してこなしているのです。

思い返せば、私も最初からこのように運転ができたわけではありません。学生時代に通った自動車教習所では、前方を確認しながらのハンドル操作に、加速と減速、ミラーの確認、クラッチペダルの踏み込みを合わせながらのギアチェンジ（当時の教習車はすべてマニュアル車でした）、これを「全部、同時にやれ」と教わりましたが、最初は「とても無理だ」と思ったものです。基本操作を覚えたあとの仮免許の試験でも、「この車はエンストしやすいから気をつけるように」と言われたとたんにエンストさせてしまい、頭が真っ白になって見事に不合格になりました。

今となっては、もう懐かしい思い出ですが、しかし何歳になっても技能の習得は興味深い体験です。最初はうまくいかないことも、ひたすら練習しているうちに上達します。「身につく」とはよく言ったもので、意識せずとも体が自動的に動くようになるのです。練習を重ねているときはイライラした意識が前面に出てきますが、その意識はやがてだんだんと後退していき、目的を意図するだけであとは無意識に体の操作を任せられます。その状態になれば、意識は別の仕事をすることも可能なのです。

ピアノやギターのレッスンでは、早い指さばきが何度練習してもうまくいかずに投げだしたものの、一晩寝て翌朝再度トライしてみると、すんなりできたという話をよく聞きます。これは、眠っている間に無意識下で練習を重ねた成果なのかもしれません。

本章では、こうした技能習得の過程に関わる意識、無意識を手がかりにして、幽霊や超能力などの超常現象の周辺に生活上の意味を持つものがあるのかどうかを考えていきます。

## ゾーンに入る

トップクラスのスポーツ選手は、たびたび「ゾーンに入る」体験をしているそうです。これは大会決勝など、緊張を強いられる注目の舞台にありながら、精神的には妙にリラックスし、かつ意識は競技に非常に集中している状態にあることを意味します。しかもこの状態では、体が自然と的確に動き、気分は最高で負ける気がしないのだそうです。ときには、何か大いなるものとの一体感や、自分自身を見おろす体脱体験までもが伴うのだとさえ言われています。

ゾーンに入った状態では、練習で培ったさまざまな技能の発揮が無意識へとゆだねられます。その点では、ベテランドライバーの運転と同様ですが、単なる運転の場合とは異なり、ハイレベルのスポーツシーンでは、技能の内容がきわめて複雑です。「パスが来たらシュートする」、しかし、「キーパーが前へ出てきたらスルーする」、また、「パスがカットされた場合は……」といったように、状況判断は条件が何重にも入り組んだ複雑な思考レベルのものであるはずですが、それが無意識によって実現されています。意識は明瞭に覚醒しているにもかかわらず、あえて身体のコントロールには関与せずに、無意識を支援する側に回ったり、競技上のもっと高度の駆け引きなどに集中したりするのです。

だからゾーンとは、無意識と意識が同時に活性化した状態だと推定できます。また、そうした観点からすると、これまで論じてきた、幽霊体験や超心理現象が起動される「第四の精神状態」と類似点が多く、相互に関連がありそうです。ゾーンに入ると、相手選手の動きが手に取るようにわかり、最適な対応がいち早くできるという報告もしばしばあります。視点を変えれば、ESPが発揮されているようにも見えてきます。

さらにはゾーンと、武道が目標とする精神的な「境地」との類似性も指摘できます。武道の達人たちには、ある種の超能力にも匹敵する、非常に高度な技能を発揮する逸話がつきものです。たとえば、気合で一瞬のうちに相手を腰くだけにしたり、戦意を喪失させたりする技が伝えられていますが、第四の精神状態の分析をもとに、将来、こうした達人たちの技の発揮メカニズムをも包括的に説明できるのではないか、と私は期待しています。

話は身体技能に限りません。企業経営者の中にも、大量の仕事をこなしながら、つねに的確な経営判断を下し続ける超人的な人々がいます。これも身体技能におけるゾーンと同様の状態だと思われますが、こちらは心理学で「フロー体験」と呼ばれることが多いようです。フローとは流れるように円滑にコトが進むことを指しますが、ビジネスに専念、集中してフローの状態にある経営者は、経営上の問題を抱えたときに、「解決に向かう助けが偶然にもいつもやってくる」といった現象をしばしば体験するそうです。これが、単なる偶然ではないとすれば、前章のシンクロニシティに通じる超心理現象だとも解釈できます。

また、超心理学の実験における「成功率の高い実験被験者を探すヒント」との共通点も見いだせます。実験の被験者にその道で実績のある、芸術家、スポーツ選手、経営者などを招くと、実験の成功率が上がるとされているのです。

たとえば、前出のホノートンが、一九九〇年代初頭にニューヨークの名門芸術学府ジュリアード学院から、学生二〇人を招いてガンツフェルト実験を行ったところ、偶然によるる実験成功率は二五パーセントしかないところ、彼らが五〇パーセントというきわめて高い成功率を上げたという研究報告があります。これは、今までに行われたガンツフェルト実験の中でも、最高レベルの成功率です。同学院には演劇や舞踏を専攻する学生もいますが、この高成功率に貢献したのは音楽専攻の学生たちでした。楽器演奏では、わけてもスピードが重要なので、他専攻の学生に比べて無意識の集中度合いの要求が普段からより高く、そのためＥＳＰの発揮にも向いていたのではないか、とも考えられています。

## 創造性という技能

スポーツや芸術だけでなく、発明・発見といった創造性の発揮も、天才ダビンチや発明王エジソンのようないくつもの発明・発見をした人々のことを思えば、単なる偶然ではなく、ある種の技能の発揮であると考えられます。

俗に、創造的アイデアがもたらされる場所を、英語圏では３Ｂと呼びます。①ベッドの中にいるとき（Bed）、②浴室やトイレにいるとき（Bath）、③通勤途上でバスなどに乗っているとき（Bus）、の三つがそれです。どれも意識は「ぼーっ」としていて、無意識が支配的な状況と判断できます。とくに①には、夢見状態が含まれるので、その事例の報告は注目に値します。

たとえば、一九三六年にノーベル医学生理学賞を受賞したオットー・レーヴィは、受賞につながった「ホルモンによる神経情報伝達」を示す実験アイデアを、二度も夢で見たそうです。彼は、最初にその夢を見たときには、細部まではっきりと思い出せなかったのですが、二度目の夢から覚めたときにはすぐに実験室へ行き、そのまま実験を成功させたのでした。当時、レーヴィは娘に夢のことを話していたため、彼女がこの事実の証言者となりました。

しかし、状況を整えたとしても、アイデアは何もせずに自然とやってくるものではありません。心理学における創造性に関する研究では、「根源的固執」の重要性が指摘されています。根源的固執とは、端的に言えば、周囲からあれこれ言われても揺るがない、自分なりの「こだわり」をもち続けることです。ただし、こだわりをもち、自分にプレッシャーをかけながら全力で考えるだけでなく、発見・発明に至るには、さらに「いったん忘れること」が必要とされます。これがうまく行えると、無意識のうちに創造の過程が進行し、思わぬときに答えが意識上へ浮かんでくるのです。

こうした発明・発見の才能は、とくに「セレンディピティ」と呼ばれています。あれ

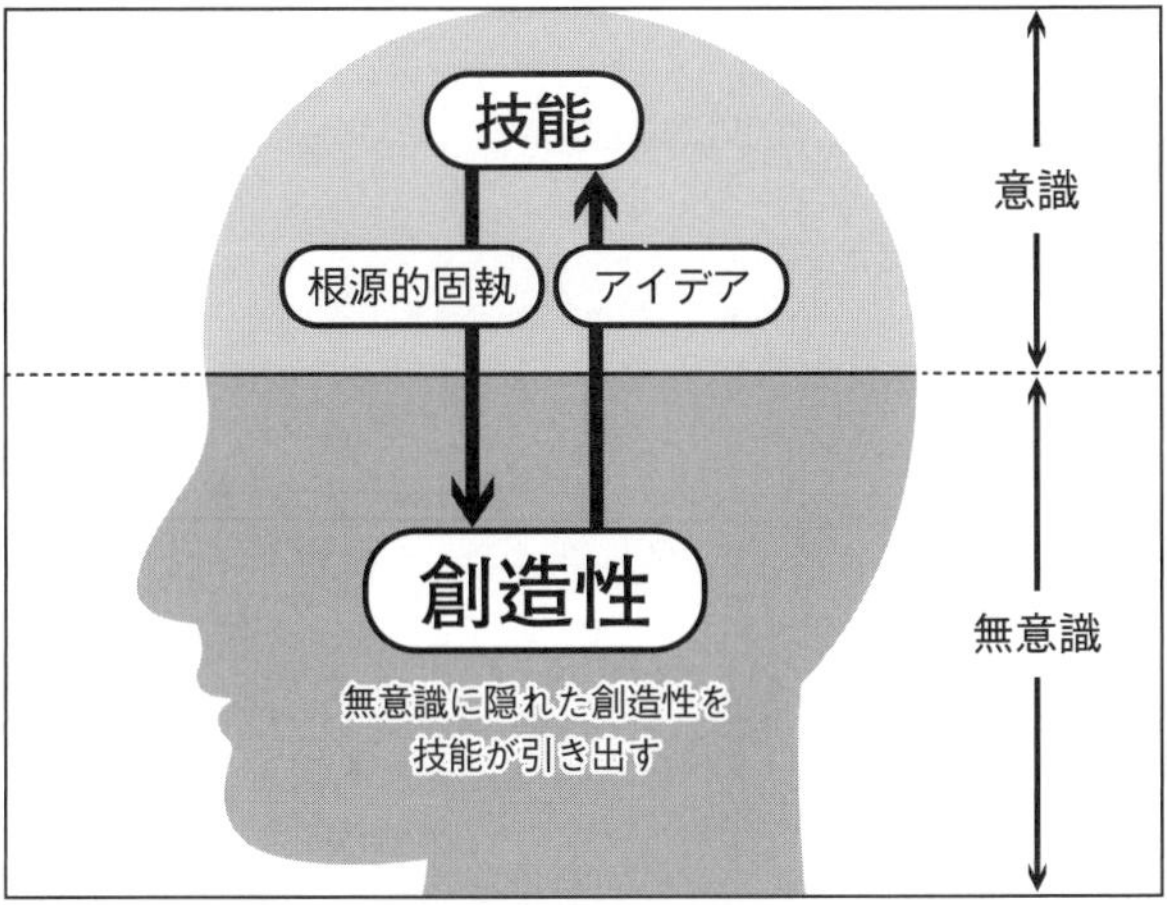


図15　創造における「意識」と「無意識」の関係

これ考えて何かを得るのではなく、「偶然に発見する能力」とでも言えばよいでしょうか。創造的な職業について実績を上げている人々は皆、この能力を身につけているにちがいありません。

映画監督などとしても幅広く活躍するコメディアンのビートたけしさんが、日々まさにこのセレンディピティを実践している様子を、私は雑誌の対談の席で直接うかがったことがあります。

一時間なり二時間なり、喫茶店で自分をギリギリに追い詰めてネタを考える。それでもやっぱりネタは出ない。でも、ネタが急にポンとあらわれる時は、まったく違う状況だったりして、ご飯食べている時に「あ、そうだ」と思いついて、慌ててメモを取る。それが一生懸命考えていても思いつかなかったネタだったりする。

（月刊誌「新潮45」二〇一三年八月号）

また、作家の石田衣良さんは、テレビの取材に答えて、創作の極意を次のように語っていました。

無意識の部分というのは、僕の意識の中にはないので、誰か他人のような感じなんですよ。なので、さんざん考えたあと、ある程度煮つまったら、「彼」のほうにぽんと投げてしまうんですよね。そうしたらもう「彼」のほうが勝手に考えてくれるので、あるストーリーを、ある日ぽんと投げ返してくれるのですよ。

（NHK『ドキュメント〝考える〟』二〇〇七年一二月放送）

右の談話の中には、無意識の働きを「彼」と呼ぶ擬人化表現が現れています。この「彼」は、人によっては「祖先の霊」や「宇宙人」になるのかもしれません。ともあれ、そうした存在がアイデアを投げ返してくる時期までをも、「もうそろそろ来るころだ」などと予想できるようになれば、まさに達人クリエイターの域に達したと言えるのでしょう。

## 無意識を手なずける

では、発明・発見などの創造的作業を無意識が担うのはなぜでしょうか。たんに意識が日々の生活で忙しいので、無意識に作業を分担させているだけなのでしょうか。私は、それ以上の重要な機能が無意識にあると考えています。つまり、創造的作業は無意識にこそふさわしい、と推測しているのです。

さて、今度は将棋を例にしてみましょう。将棋界で頂点の名人位を争うようなトップ級のプロ棋士たちは、ここが勝負どころだという大事な場面であっても、深く考えて比較するのは、じつは頭に浮かんでくるごく限られた少数の手だけなのだそうです。その局面で指すことが可能な手が何十手もあるのにもかかわらず、「ごく限られた少数の手」に思考を絞るのは、熟練した技能に支えられた無意識であり、その次の段階で「深く考えて比較する」のは、意識の仕事です。トップ棋士の無意識が指す手の候補を少数に絞る過程には、高性能コンピュータでも及ばない卓越した創造性が込められています。

コンピュータの将棋プログラムの強みは、指す手の有利不利を高速計算でひたすら網羅的に調べられるところにありますが、人間の無意識にはその過程を省略してしまえる特殊な創造的機能がありそうです。また、命令のまま動くコンピュータとちがって、人間には新しい戦略やアイデアを生みだすことも出来るのです。

意識ではなく、無意識の方に創造性を発揮する仕組みが備わっており、それを意識的に利用するのが、前述した「セレンディピティ」のようです。将棋のプロ棋士たちは、将棋をひたすら指し続けることで、自分の無意識に思考の素材を教え込み、将棋に特化した創造性を発揮しています。つまり、意識が無意識を手なずけているのです。

もちろん、こうした訓練は、当事者もそうとは自覚していないあいだに行われる場合も数多くあります。実験科学者たちなどは、知らず知らずのうちに「発見の練習」を重ねていると言えるでしょう。細菌学者のアレキサンダー・フレミングは、実験中のブドウ球菌の培養皿に、誤って青カビが混入してしまっていたところ、その培養皿にはブドウ球菌が繁殖していないことに気づき、抗菌物質であるペニシリンを見つけたのです。

予定しない物質が混入したと分かれば、「実験失敗だ」とすぐに培養皿の中身は捨てられてしまいそうなところですが、フレミングは実験の失敗から偉大な事実を見いだしたのです。実験に熟練することで、「いや待てよ」と自然に働く無意識の鑑識眼がいつの間にか養われていたのでしょう。

## 浮かび上がる「妙手」

それでは次に、その創造性が実際にどのように発動するのかを考えてみます。その過程にはまだ不明の点も多いのですが、サッカーのトップ選手がときどきくり出す「創造的パス」を例にしてみると理解しやすいでしょう。

「創造的パス」とは、相手チームの意表をつき、しかも得点につながる味方選手のシュートを誘発する、華麗なパスです。得点が入ってから考えてみれば、敵も観衆も「たしかに、あそこにパスを出せば点につながるな」とわかりますが、パスの直前までは、ときに味方でさえも「思いもつかないような発想」の産物なのです。

大ざっぱな話になりますが、仮に、パスを出す選手のパスの出し方が一〇〇通りあり、そのパスを阻止しようとする相手方選手の守り方がまた一〇〇通りあり、さらにパスを受けた味方選手のシュートの仕方が一〇〇通りあるとします。すると、そこで展開されるプレーには、一〇〇×一〇〇×一〇〇で一〇〇万通りの異なる可能性があることになりますが、そのうちのひとつだけが（あるいはごく少数だけが）華麗な展開で得点につながることになります。こう考えるとトップ選手は、その創造的パスのわずかな可能性を実行に移したのだと言えます。

しかし、創造的なパスを出すトップ選手は、一〇〇万通りの異なる可能性を逐一調べているのでしょうか。もちろんそんな時間的余裕はありません。熟練した無意識には、得点につながる「意味ある可能性」を、パスの直前に瞬時に浮き上がらせる機能があるのです。もちろん、いつも必ずうまくいくというわけではありませんが、これこそが「創造性」なのではないでしょうか。

将棋では、意外性のある一手を「妙手《みょうしゅ》」と呼ぶそうですが、これも同様に創造的です。将棋では、ひとつの局面で指せる手が、中盤ではふつう八〇手以上もあるそうですが、仮にプロ棋士がその先の展開を二〇手先まで読むとすれば、八〇の二〇乗もの膨大な可能性の中から、展開のよさそうな手を探って指していることになります。

しかし、「創造的パス」同様に、トップ棋士が生みだす、過去の定跡にとらわれない一手も、逐一探索したものではありません。華麗な展開をもつ可能性が、無数の可能性の中から自然と浮かび上がってきた結果なのです。

こうした「浮かび上がり」は、経験の少ない初級者にはありません。長年の訓練によって、「どの可能性に意味があるか」をトップ棋士は自分の無意識に対して教え込むことに成功しているのです。トップ棋士たちは、それまで将棋界が積み重ねてきた定跡や戦法を幅広く習得した上で、それらに加えて、「妙手」「新手」を生み出す「セレンディピティ」をも身につけているのです。それこそが、トップ棋士たるゆえんになるのではないでしょうか。

サッカーのトップ選手は「創造的パス」を思いつけば、それを実行に移せばよく、プロ棋士も「妙手」を思いつけば、それを盤面に反映させればよいだけで、それによって思いついた「可能性」が現実化され、創造という行為になります。

ところが、可能性と現実の関係は、私たちが想定するよりも少し複雑なのかもしれません。ペニシリンの発見のときには、培養皿の中にブドウ球菌を死滅させる青カビがたまたま混入していましたが、化学物質を発見する実験過程では、同じように実験装置の洗浄不足などで、「画期的な反応にちょうど必要なだけの予定外の物質」が混入していたなどといった事例が、じつに数多くあるのです。

それだけに、従来はこうした事柄を化学者たちも単なる偶然として片づけていました。しかし、効果的に創造的行為をなしてゆくには、こうした現実を意図的に引き寄せ、創造へ有利に働かせる必要がありそうです。

じつは、この仕組みは、ある程度シンクロニシティの仮説で説明できます。第六章でも扱った祖母の花瓶の話を例にしてみましょう。

仮に、祖母が亡くなったのは九月の一四日だったとしましょう。そして、花瓶も九月中には、いつヒビが入ってもおかしくない傷んだ状態にあったとします。そうすると、九月のどの日にヒビが入るかには、一日から月末まで三〇通りの可能性がありますが、そのうち一四日にヒビが入る可能性のみに、シンクロニシティが成立するという意味があります。「祖母の命日に祖母の花瓶が壊れた」と認識されるからです。

同様に、いろいろな予定外の物質がさまざまな量で試験管などに混入し、実験が失敗する可能性は無数にあるところ、そのうちで画期的な発見につながる「特殊な失敗」はひとつ、あるいはごく少数だけあるわけです。したがって、それが現実化するには、発見を熱望して日夜実験を重ねている「根源的固執」をもつことが必要なのです。その努力こそが、特殊な失敗にシンクロし、創造的行為に結実するわけです。

このようにシンクロニシティでは、意味の連関により該当の可能性が実現したと考えます。偶然にまかせると成功の確率はごくわずかなのだけれども、意味の連関によって、その確率が上昇したとみなすのです。もしそうならば、創造の過程には、ある種の超心理現象が隠れていることになります。

## 超心理学の新展開

第四章では、偶然を少しだけ超えたくらいの頻度でテレパシーが発揮できたとしても、生活上の意義は小さいことが超心理学の難点であると述べました。しかし、テレパシーでなく、創造性ならば話は違います。頻度が小さくとも、貴重な創造を成しえた場合、生活上のみならず、人類にとっての意義がきわめて大きいのです。

すなわち、創造性が超心理現象のひとつの現れであるとすれば、創造性に関する研究は、超心理学の重要な応用研究となります。

さらに、実験ではなく日常的な課題ならば、それを解決する意義は大きく、人間は超心理現象がともなった創造性をもっと高い頻度で発揮しているのかもしれません。そうであれば、創造性を超心理学の応用テーマにすることで、超心理学の実験場面でも、その成功頻度を向上させることが期待できます。逆に創造性研究は、超心理学の知見を盛り込むことで、さらなる進展が見込まれます。

ここまでの議論で、創造的な精神状態が、幽霊体験や超心理現象が発生する精神状態と酷似していることが実感できたと思います。私たちが日常生活の随所で創造的行為を成しとげているとすれば、その精神状態を基点にして超心理学について考えを進めると役に立つ成果が期待できそうです。

幽霊体験や超心理現象は、これまで個人的な体験にとどまる心理的存在でしたが、創造性と合わせて議論をすることで、他者と共有できる社会的存在となる道がほのかに見えてきます。幽霊体験と同様の精神状態において、ときに擬人化された象徴的な存在の助けを借りながら、多くの人々が日常的に創造性を発揮するようになれば、それはもはや幽霊ではなく「無意識の創造性」という身近にあまねく存在するものとなります。

次章では、この創造性の社会的側面に光を当て、無意識とは逆の「自覚的な意識」が創造性の発揮に占める役割をクローズアップします。

# 第八章　幽霊体験の社会化

## 波動を感じる?

超心理学を研究しているという仕事柄、私は霊能者を自称する人々とお会いする機会がたびたびあります。そして、そうした方の一部は、自らの能力のひとつとして、「波動を感じる」とよく主張します。

「霊感を感じる」と言われれば、「私が理解できない何かを感じているのだな」と、とりあえずは理解できるのですが、「波動」となると、そもそも何を指しているのだろうかとかえって疑問がわきます。ときには「万物は波動からできており、その波動を感じとっている」とまで主張します。「万物は波動からできている」のは、現代物理学が解明したひとつの成果なのですが、それを聞きかじって自分の思いを「物理学的に正当化」しているだけのように思えてなりません。霊感という、そもそも物理的世界を超え

た現象に、「波動」という物理用語をあて、むりやり疑似科学的説明を導入したのではないか、と。そうした疑念から、

「万物を構成する波動とは、確率の波であり、それを感じとると不確実さが確実さになって消失してしまうのですが」

と、現代物理学との矛盾を指摘しますが、埒《らち》が明きません。

しかし、よくよく聞いてみますと、「光の波」「エネルギー」「パワー」などと呼ぶにふさわしいものが、本当に対象から自分の方へやってくると本人は感じているらしいのです。ところが、その感覚が何とも形容し難いので「波動」という言葉で表現しているのだそうです。「波動」が現実に存在するかのように、霊能力者がありありと感じているのであれば、とりあえずはその体験を尊重して、個人的な心理的存在であることまでは、いったんは認めざるをえないのかもしれません。

しかし、そのような「波動」が見える人は少ないし、見える人の中でもその見え方が一定していないのも確かです。彼らの経験談を総合しても、「波動」がよって立つ足場はかなり脆弱であり、他者と共有できる社会的存在になるのは遠い道のりです。

いまはやりの「パワースポット」に集まる人たちにも、そこから感じるものの印象を

聞いて回ったことがありますが、彼らの感じる「パワー」の印象も、残念ながらやはり一定していませんでした。

霊能者には、独立独歩の人が多いのですが、それは、霊能者同士が親しくなって意見交換すると、霊の見え方が一定していないことが表面化し、お互いにその実感がゆらいで都合が悪いからではないかと思えます。霊能者が多く集まる会にたまたま参加したときには、「いつも周りにたくさんの霊が見える」と訴える霊能者が、別の霊能者が「見える霊が皆しゃべっている」と主張しているのを聞いて、「私の霊はしゃべらないけど、もし霊がしゃべったらうす気味悪いわ」とつぶやいていました。霊能者もいろいろなのでしょう。

こうした聞き取りを通して、さまざまな霊感があると認識できたと同時に、霊能者は必ずしも霊感を演出しているのではなく、「現実にそのように見える」という意識内容を、誠実に報告している場合も少なからずあるという実感を私は得ました。

本章では、「個人的体験」と「人類の経験を総合して特定される現実」との間に、少しでも折り合いをつける道を探ります。

## 「オーラ」と「共感覚」

霊能者の多くは、対象とする人の頭部、あるいは全身の周囲に「色のついた光」が見えると訴えます。色のつき方は、対象者の感情や健康状態で変化するらしいのですが、これは「オーラ視現象」と呼ばれます。

オーラは私には見えないので、「どんなときに見えるか」を霊能者によく聞いてみるようにしています。たとえば、霊能者から対象者の頭部を隠して、頭部のすぐ上だけを見えるようにすると「何も見えない」というのです。また、実物ではなく写真でも、対象の人物の周囲にはオーラが見える傾向があります。やはりオーラは、物理的な法則に沿って可視されている光ではなさそうです。

これまでの科学的知見の中で、オーラ視に一番近い現象は「共感覚」と呼ばれるものです。共感覚とは、黒色で印刷された文字であるのに、その人には色がついて見えたり、スピーカーから出る音が「色のついた流れ」に見えたりすることです。一部の感覚の鋭い人に見られ、認知心理学の研究対象となっています。そのメカニズムは、視覚や聴覚の感覚信号が集まっている脳の中央部で信号が交錯するためではないかなどと推測されています。

6 6 6 6 6 6 6 6 6 6 6 6 6 6 6 6 6 6 6 6 6 6 6 6 6 6 6
6 6 6 6 6 6 6 6 6 6 6 6 6 6 6 6 6 6 6 6 6 6 6 6 6 6 6 6
6 6 6 6 6 6 6 6 6 6 6 6 6 6 6 6 6 6 6 6 6 6 6 6 6 6 6
6 6 6 6 6 6 6 6 6 6 6 6 6 6 6 6 6 6 6 6 6 6 6 6 6 6 6 6
6 6 6 6 6 6 6 6 6 6 6 6 6 6 6 6 6 6 6 6 6 6 6 6 6 6 6
6 6 6 6 6 6 9 6 6 6 6 6 6 6 6 6 6 6 6 6 6 7 6 6 6 6 6 6
6 6 6 6 6 9 9 6 6 6 6 6 6 6 6 6 6 6 6 6 7 7 6 6 6 6 6
6 6 6 6 6 9 9 9 6 6 6 6 6 6 6 6 6 6 6 6 7 7 7 6 6 6 6 6
6 6 6 6 9 9 9 9 6 6 6 6 6 6 6 6 6 6 6 7 7 7 7 6 6 6 6
6 6 6 6 9 9 9 9 9 6 6 6 6 6 6 6 6 6 6 7 7 7 7 7 6 6 6 6
6 6 6 9 9 9 9 9 9 6 6 6 6 6 6 6 6 6 7 7 7 7 7 7 6 6 6
6 6 6 9 9 9 9 9 9 9 6 6 6 6 6 6 6 6 7 7 7 7 7 7 7 6 6 6
6 6 6 6 6 6 6 6 6 6 6 6 6 6 6 6 6 6 6 6 6 6 6 6 6 6 6
6 6 6 6 6 6 6 6 6 6 6 6 6 6 6 6 6 6 6 6 6 6 6 6 6 6 6 6
6 6 6 6 6 6 6 6 6 6 6 6 6 6 6 6 6 6 6 6 6 6 6 6 6 6 6
6 6 6 6 6 6 6 6 6 6 6 6 6 6 6 6 6 6 6 6 6 6 6 6 6 6 6 6
6 6 6 6 6 6 6 6 6 6 6 6 6 6 6 6 6 6 6 6 6 6 6 6 6 6 6

**図16**　色つきの三角形が見える？

たとえば、上の図16では、数字の6を背景にして、数字の7からなる三角形と、9からなる三角形が左右に並べられています。普通の人でも、右の7の三角形は識別しやすいのですが、左の9の三角形は6との違いが小さく識別しにくいのです。ところが、共感覚者がこの図を見ると、ひとつひとつの数字を識別する以前に、すぐに色のついた三角形が直感的に二つ見えるそうです。共感覚者は数字に色がついているので、数字のかたまりの識別が早いのです。

しかし、こうした共感覚による色のつき方も人によりけりで、一定してはいません。つまり共感覚者は、無意識のうちに判別した「文字の意味や音の印象」が、自分独自の色に変換されて、それが自分の意識に映し出されているようなのです。

オーラについて同様に考察すると、人の表情から受け取った印象を、無意識が色つきの光などに変換し、その結果を意識が認識していると思われます。となると、オーラ視能力者はある種の共感覚者ではないかとも考えられます。

こうした共感覚現象では、共感覚者の無意識が活性化していることが指摘できます。第四章で示した「第四の精神状態」がＥＳＰに向いているという原理にもとづけば、共感覚者はＥＳＰ能力が高いと推測されます。実際に超心理学の研究成果からは、そうした傾向も示唆されています。

すると、オーラ視の結果には、たんに表情からわかること以上の「透視」が含まれているのかもしれませんが、もし霊能者がオーラの中に、対象者の過去や未来の経験を少し読みとったとしても、超心理学的には驚くことではなく、大騒ぎしてはいけません。

先に述べた意味基準で大事なのは、役に立つほどの「透視」を霊能者ができるのかという点です。そうでなければ、霊能力者に実質的な価値はありません。「職場の人間関係で悩んでいるでしょう」などと、誰にでもあてはまることを言って、占いが当たった気にさせるニセ霊能力者と大差なくなってしまいます。

## 「祈り」の効力

創造性と幽霊体験の関連を究明するため、最適なテーマを探すと「祈り」に思いあたります。霊能者に限らず、科学者でさえも日常的には祈りの行為をしますので、超常現象の社会的存在への展開を考える上でも最適に思います。

祈りは、超心理学の中心テーマではありませんが、大いに関連するテーマです。というのは、ＥＳＰの発揮に際して「ターゲットが見える」ように願ったり、ＰＫの発揮に際して「物体が動く」ように念じたりすることが、どれも「祈り」に近い心境であるからです。もし、超能力の発揮に祈りが伴っているとすれば、「祈りが超心理現象をひき起こす」という言い方も、あながち間違いではないことになるでしょう。

ところが、超心理学の実験では、超能力を発揮しようとしても、その成功率はごくわずかでした。だから、祈りに超心理的な効果が仮にあったとしても、それは小さなものにとどまります。そこで、個人の能力は小さくとも、それをひとつに集めればなんとか効果があるという発想で、大勢で祈りを捧げて超心理現象をひき起こすという実験がたびたび行われています。ところが、ここでも成功率の大きな向上は見られずに終わっているのです。

この知見から推測すると、ほとんど効力のない祈りが世の中に蔓延していることは確実です。仮に効力があるとしても、それはほんの少ししかないと思えます。

しかし、少しだけでもあるとすれば、その成功の要は何でしょうか。この観点から、前に登場したセレンディピティをふり返ると、祈りに相当しそうな過程を創造性の中に見いだせます。スポーツで言えば、とことん練習をきわめ、プレー方法の検討に大いに頭を悩ませるなど、たいへんな努力を経たあとの「無意識に投げかける段階」です。このとき意識は、「何もしない」のではなく、「創造的結果が生まれることを積極的に待つ」状態であるはずです。「人事を尽くして天命を待つ」心境、それこそが「効力のある祈り」に位置づけられるのかもしれません。

## 社会性が役に立つ

私たちは、祈るときに具体的には何をしているのでしょうか。まず、「実現したらよいな」と、期待する事柄を頭の中で想像しているにちがいありません。基本的には、昨日の夕食を思い出すときに、それを頭に思い浮かべるのと同様です。つまり、想像が祈りの手段になっていると言えそうです。

前述しましたが、明晰夢のようにありありとした想像がなされれば、少し大きなESP効果が期待できます。すなわち、ありありとしたイメージが伴う祈りならば、少しだけ成就しやすいと言えそうです。効果的な祈りを行うには、イメージを豊かにすることが肝要なのでしょう。

一方、実現しにくい未来をイメージしていながら、それが想定通りになるのが、高度な創造性です。未来を想定したイメージの一部が現実化して成就し、創造となるわけです。創造におけるイメージの重要性も、心理学分野ではかねてからよく知られていました。イメージを想像する力が、ときに創造力に昇華するのです。

どんな想像力が創造力に展開するのかは、まだ闇の中ですが、ひとつ指摘できる要素は、生活環境に合わせる社会性です。

創造力を発揮するには、すでにある社会的存在や物理的存在に精通している必要があります。創造されるものは、そうした既存の存在と接続していなければ、役に立つはずがないからです。これは、ファッション界におけるデザインの創造を例にして考えると理解しやすいはずです。ファッション界では、たんに新しいデザインを考えるだけでは、次の流行を創造できません。既存の流行に対して、ちょっと先を行く、つまり少し未来を感じさせるのがイキなデザインで、大幅に先を行くと他人にはまったく理解できない、ヤボなデザインとなってしまいます。

超能力も創造性の現れであるとすれば、超心理学の知見も考慮に値します。超心理学では、かつて「超能力を信じることがESP実験の成功率を上げる」と考えられていたのですが、いまでは個人的な信念ではなく、社会的な態度が重要だとされています。

実験前に被験者たちに行ったアンケートによると、「自分の能力が検出される」と個人的な関心の強い人よりも、「この実験は成功する」と全体のことを考えている人の方が、実験の成功率が高いのです。どうやら、効力があるのは私的な信念ではなく、周囲の状況に合わせる社会的態度のようです。

つまり、社会の現状を見抜き、それと調和的なイメージを想像することが、超心理現象の発現をうながし、また、創造にもつながるのです。自然科学上の発明や発見の場合でも、物理的な実体と調和的に想像しなければなりません。物理的な実体も人間社会で受け入れられている生活環境だと見なせば、そこから発明や発見を得る力も、広く社会性と言ってもよいでしょう。創造には社会性が必要なのです。

その社会性を担うのは、主に意識です。生活環境は変化しますので、それに柔軟に対応するのは意識の仕事です。このとき、イメージが意図的に行えることが創造を支えます。というのは、生活環境に調和的なイメージを描くことで、意識が想像の方向づけを行えるからです。逆に、調和しない勝手なイメージは、創造には役立たないということです。

## 不確実さを受け入れる

霊能者が波動やオーラが見えたと主張するときに、幽霊否定派は「それは幻想だ」という応答の仕方をしがちです。しかし、第一章で述べたように、テレビ映像が平面を立体に見せかけるある種の幻想にもかかわらず、その幻想が有益に使われている現状をみれば、「幻想だ」という指摘までは正当でも、「だからダメだ」とは結論できません。波動やオーラが「役に立つか」を問うべきなのです。

霊能者によっては、「波動やオーラによって病気の診断ができる」、あるいは「祈りによって病気の治癒ができる」と主張します。しかし、これまでの超心理学の研究実績では、診断や治癒における実用性は示されていません。たとえ波動で病状を少しは当てられるようなことがあったとしても、誤りの頻度の方がはるかに多く、それに伴う弊害のほうが甚大なのです。

いまのところ、幽霊否定派は「悪用される弊害ばかりで、霊的能力は役に立っていないよ」と指摘しておけば、幽霊を否定するに十分なのです。

それに、たとえ「霊的能力がとても役に立った」という状況に至ったとしても、現状の科学的世界観が崩れ去るわけではありません。波動やオーラが見える人と見えない人がいた場合でも、それらは社会的存在として現実を構成していると見なせます。つまり、波動やオーラが社会的に存在するという主張と、それらは物理的には存在しないという主張は、とりあえずのところ両立できるのです。

だから、霊能を信じる人々は、信じない人に向けて正当性を示す努力をするよりも、その力を創造性の発揮に向けるべきです。創造的な成果によって、「その種の能力があってもいいいな」と、人々の承認を受けることがまず大切なのです。その入り口は、不正確な未来予知よりも、繊細なオーラを描く芸術分野などにむしろ広がっているのかもしれません。霊能にもとづくイメージが創造的な芸術作品になるのであれば、人々が一目置くということになるでしょう。

## これから科学はどこへ向かうか

さて、いよいよ本書も終わりに近づいてきました。これまで述べてきたような創造性の追究に、今後の科学が向かうことを私は期待しています。そこで、それに欠くことができない条件についても、少し触れておきたいと思います。

現在の科学的探究は、良くも悪くも「意識の科学」です。意識のうえで知覚し、思考し、経験した内容を集大成しているのです。ところが、本書で見てきたように、無意識には独自の目的や願望、思考や想像がありそうです。創造性や超心理現象においては、むしろ無意識こそが主役でした。つまり、意識の働きに加えて、無意識の働きに注目した人間研究を発展させることが、その条件なのです。

無意識の内容を集大成した「無意識の科学」を探究する道を進むことで、新しい研究の地平が大きく広がるにちがいありません。ことによると、現在の科学が構築した世界に匹敵する大きな世界が「無意識の科学」によって発掘できるかもしれないのです。

たとえば今のコミュニケーションの研究は、言語によるコミュニケーションが中心になっていますが、言語はおもに意識が使う道具です。言語以前に無意識が使っている道具、たとえば身体表現、視線、模倣行動、それにＥＳＰとされてきた効果などを特定し、それを追究することによって、無意識の思考の実態やメカニズムが明らかになってくるでしょう。

また、私たちがコミュニケーションとして扱ってきたものの基盤には、やはり人々の無意識による同調現象や、ユングが言うところのシンクロニシティがあるのかもしれません。そうしたものが、人々の無意識が奥底でつながっているかのような印象を私たちに与える現象をもたらしています。ユングはその性質をとりあげ「集合無意識」と呼びましたが、改めて注目すべきテーマだと私は考えています。

そして、最近の脳科学におけるホットトピックである「自由意志」についても「無意識の科学」が鍵になりそうです。現在の脳科学実験では、「自由に意志決定したと自覚する瞬間」よりもかなり前の時点で、すでに「無意識に決定していたことに相当する生理学的信号」を脳内から検出できています。その実験事実をもとにして、自由に意志決定して生きていたと思っていたのは錯覚で、じつは私たちに自由意志はなかったのだ、という結論が科学的に有力になりつつあるのです。

しかしこれは、意識が自由に意志決定して生きていると思っていたところ、じつは

「無意識も自由意志を発動していた」とも解釈できるのです。そして技能訓練の例で具体的に見てきたように、意識は、無意識の意志決定を「事前に方向づける」ように訓練できるとも見なせます。

さらに、シンクロニシティの考えを加えれば、「無意識の意志決定」とは、従来私たちが日常的に考えてきたような「意志が原因で行動は結果」という因果関係ではなく、意志と行動は同期的で並行的な連関関係にあると見なすことも可能なのです。

これによって、脳における物理的な挙動と、心理的な主体性の感覚との間も橋渡しできるのかもしれません。うまくいけば、懸案の自由意志の余地もまた、残すことができることでしょう。

このように「無意識の科学」が進展すれば、その成果が人間科学に与える影響は果てしなく大きいと予想されます。

# 終　章　解体される超常現象

## 幽霊体験に創造性を見いだす

さて、この終章では本書全体の議論を振り返り、それを総括していきましょう。

幽霊については、これまで「いる／いない」の論争が、無益に続けられてきたことが問題でした。

個々人の幽霊体験は、経験を重視する科学の視点から尊重されるべきではありますが、体験の背後に思いこみや迷信の類が控えているのもまた事実です。まずは、そうした思いこみを一掃し、幽霊に関する誤解を取り除いたうえで幽霊体験を科学的に見つめることが大切です。

幽霊肯定派の主張の核心は、誰も知らない情報を霊魂がもたらすといった超常的な現象にありますが、こうした現象は超能力として実験的に検証できるものです。現に超心理学という学術研究で、やや肯定的な検証結果が得られています。さらに、霊魂仮説と超心理仮説を比較すると、超心理仮説の方に少し分があります。

しかし、幽霊論争の土俵が超心理学に移ったとしても、超能力があるのかないのかの対立に姿を変えて、論争は依然として続けられることになります。「幽霊はいるのか」も「超能力はあるのか」も、どちらも存在をめぐる水かけ論争なのです。そこで、生産的な論争を目指して、重視されるのが「実用性」でした。幽霊や超能力が実用的かどうか、つまり私たちの生活において「意味があるかないか」を論争するのです。これまでの幽霊や超能力の主張の背景には、個人にとっての有益性や意味はあったでしょうが、社会に対しては十分に明示されていません。むしろ、霊感商法やカルト宗教の蔓延につながるという、社会にとっての不利益の方がつねに問題となってきました。

そこで、社会的な実用性を目指したテーマとして、創造性に着目します。社会で利用できる創造的な成果は、実用的であるゆえに探究に値するからです。超心理学では、幽霊体験や超能力発揮の際に、人々は明晰夢に似た精神状態にあると指摘されてきました。そうすると、高度な創造性発揮の際も同様な精神状態にあると推測できるので、創造性を追究することが、間接的に幽霊や超能力とされてきたものへの理解にもつながります。

幽霊体験をどんどん掘り下げていった結果、社会で活用できる創造性に突き当たったということです。

## 文化以前の心理機能

今度は、これまでの論旨を逆にたどってみましょう。創造性に、本書で述べてきたような、幽霊や超能力との関連性があるとすると、人類がたどった生物進化の歴史に照らして、どのようなことが言えるでしょうか。

前に、アイデアが生まれる場所について3B、つまり①ベッド、②浴室・トイレ、③バス（移動途中）が代表的であると述べました。じつは、中国でも伝統的に同様の指摘があり、「三上《さんじょう》」と言います。それぞれ①枕上《ちんじょう》、②厠上《しじょう》、③馬上《ばじょう》であり、3Bと符合しています。これは、創造的アイデアが生まれる状況が人類共通であることを強く示唆しています。

人の知覚でも同様に、人類共通のものが見られます。たとえば「色」です。言語や地域によって「虹がいくつの色に見えるか」は異なるので、それをもって色認知は文化の産物であるとされがちでした。ところが、実験や調査によって、どんな色までを「赤」

と呼ぶかなどの「色の境界」の認知は文化に依存していても、「どちらがよりあざやかな赤か」という「典型的な色」の認知は人類に普遍的で文化に依存しないことが分かってきたのです。典型的な色の認知を司るタンパク質が生理学的にも特定されており、ほとんどの人間がそれを共通して持っているのです。

さらにそのタンパク質の遺伝情報解析からは、人類の祖先が原始哺乳類であったはるか昔、色認知が弱かった時期があることも分かっていて、その時代の祖先は、暗闇で生活していたのではないかとも推測されています。

このように、認知などの心理的な機能を生物学的な進化の歴史にもとづいて研究する分野を「進化心理学」と呼びますが、この進化心理学の知見によると、恐怖感情といった文化を超えて普遍的に働く心理機能は、人類がアフリカでサルから進化するよりも前にすでに獲得していたとされます。

その観点から、創造性も文化によって育まれた結果ではなく、古くから身につけられた生物学的・生理学的な機能と考えられます。恐怖感情や性的欲求など、古くからある心理機能の多くは無意識的に発動するので、創造性も無意識が中心であることは容易に理解できます。

無意識は、生物の歴史からみると、人類以前の多くの哺乳類が身につけている「早くから進化している仕組み」なのです。もしも、窮地におかれた哺乳類に創造性があれば、生き残る知恵を生み出し、生存競争に勝ち残れます。現在の人類の無意識に創造性があるということは、祖先哺乳類の時代から無意識の中で創造性が培われていたことを示しています。ことによると創造性は、生物進化の原動力であり、生き残りに貢献したきわめて意味のある機能なのかもしれません。

一方の意識は、社会的生活を営むようになった人類において、大きく進化しました。人間は唯一、意識を用いて無意識の創造性を生活環境に合わせることに成功した生物だとも言えます。だからこそ、意識が意図して無意識を訓練し、スポーツでも、小説執筆でも、そして一見、意識的な理詰めのゲームに思える将棋においてさえも、人間は創造性を柔軟に発揮するようになったのです。

## 生物進化の創造主

ある生物種の個体が生き残りに有効な新機能を開発し、その機能が子孫に広がることを「生物種が進化して新機能を身につけた」と生物学では言います。生物の体や行動をデザインしているのは、細胞に含まれる遺伝情報とされ、ある個体が生き残りに有効な新機能を開発する手順は、次のように考えられています。

新機能を身につけた個体が生まれるとき、そこでは遺伝情報における突然変異や、あるいは両親の遺伝情報のシャッフリングなどがランダムに起きています。多くの変異は、通常はむしろ機能を下げるエラーなのですが、まれに生き残りに有効な新機能が偶然獲得されます。そのラッキーな個体は他個体より優位に立つので、子孫をたくさんもうけ、結果として、集団にはその新機能をもった遺伝情報が広まる、というメカニズムです。

これはまさしく、ここまで論じてきた創造の過程にも合致します。いくつもの突然変異が同時に起きる場合、どの組合せが起きるかには、無数の可能性が広がります。そのうちのごく少数が、生き残りに有効な新機能を達成する「価値ある組合せ」に相当するのです。

たとえば、高いところに生える木の葉を食べる目的を達成したキリンの長い首は、一見しただけだと、単に頸部の骨が長くなるという進化をしただけのように見えますが、それほど単純ではありません。長い首は、位置が高くなった頭部に血液を送るよう血圧を高める心臓のパワーアップ、その高血圧に耐える血管や皮膚の強度向上、重くなった首から上の構造を支える胴体の強靭化、足元にある水を飲むための脚の長大化などが、同時に進行していないと実現できません。

これらの変化の「価値ある組合せ」が、うまく突然変異で達成できる可能性は、確率的にも起き得ることではありますが、偶然にまかせていたらその実現の頻度はきわめて小さいのです。しかし、それにもかかわらず「長い首」という新機能は生まれました。それが生まれたことは、キリンという生物種にとって、高所の食べ物を獲得できるなどの大きな意味があります。だから、その可能性は、シンクロニシティに相当するような、何らかの創造過程によってこそ現実化されやすい、と考えられるのです。

生物進化の過程を克明に追えば、その速度は、ただ偶然にまかせた突然変異だけで算出される場合よりも、実際にはかなり速く進んできたことが判明するはずです。たとえ、たくさんの子どもをもうけて幅広く選択する、いわゆる自然淘汰の過程があるにしても、あるいは「生き残りに有効な新機能」が他の部分機能の進化の組合せであることを割り引いても、進化は飛躍的に速く進んできたと推測されるのです。人間のように高等動物になって意識が関与するようになると、なおさら進化が速まることが、今後さらに明らかになるでしょう。

現在、このような突然変異メカニズムの矛盾点を指摘しているのは、「神による創造」を主張する人々です。生物をしっかり調べると、偶然ではとてもありそうもない進化が起きているので、人類をはじめとする生物は、「進化ではなく神によって創造された」と主張するわけです。昨今では、神とは言わずにインテリジェント・デザインという用語が使われていますが、同じことです。

しかし、本書で指摘してきたように、神をもちださなくとも、「無意識の創造性」により、生物自身で進化速度を向上させてきた可能性が大いにあるのです。目的を担う「大いなる神」がいなくとも、生物は自ら生活環境の中に意味や価値を見いだして、その実現を加速する機能をもっているようです。

生物は「無意識の創造性」を身につけ、「生き残りに有効な新機能」を開発し、自分や子孫を有利に導いてきたのです。加えて人間は、意識という、生活環境に合わせて創造を支える仕組みを得たので、ますます有利になりました。さらに、誰かが「生き残りに有効な新機能」を創造すれば、集団の皆がそれを利用する構図をつくり、社会の発展を促進してきたのだと考えられます。

## 信念よりも実用性

人間は一般に、希望や信念をもつことで、気分が高揚します。そしてまた、それらが集団で共有されると、ますます気持ちを高ぶらせていくものです。人間のこの習性は、人間が集団として生き残るのに貢献してきたので、多くの人が信念を重視するのは、人類の歴史に照らしても当然です。

しかし、現代では信念よりも、より直接的に実用性を訴える方が有効であることを、歴史的な視点から再度強調しておきたいと思います。

人類が、まだアフリカの草原だけに暮らしていたころ、人々は一〇〇人くらいの集団で狩猟や採集をして生活していました。だから、居住地の周囲に水や食べ物が不足すれば、どこかに移住しなければなりません。ところが、新天地がどちらの方角にあるのか、彼らにはわかるはずもありません。しかし、リーダーが「北に行けばなんとかなる」と方針を告げれば、他のメンバーがその判断を信じて希望をもつことに、集団としては利益があります。なぜなら、皆の意見がまとまらずに集団が分裂すると、少人数になってしまい、さまざまな危難に対して生きのびる見込みが低下してしまうからです。

つまり現代の私たちは、集団の考えに同調して、集団として生きのびた人々の末裔なのです。進化心理学の観点からは、それゆえに、希望をもったり信じたりする傾向が自ずと身についているとも考えられます。お祈り好きなのも、その一例なのでしょう。

気休めの祈りは、他になんの手立てもない場合には不安を軽減するというメリットがありますが、他に手立てがある場合には、その努力への意志を阻害するなど、かえって不利益になります。

ところが、昨今でも、「あきらめずに信じてつづけていたら成功しました」という美談がよく語られ、人々に誤解を与えつづけています。成功の主要因は、「信じつづけること」ではないのです。成功に向けたあくなき「創造的な挑戦」が主要因なのであって、単に成功や勝利を信じるだけで失敗に終わった人は山のようにいるでしょう。さらに言えば、創造的な挑戦を続けても成功しなかった人も少なくないはずです。しかし、そうした人々は、失敗を語る機会を与えられることがほとんどないので、世間ではその経験が目立たないのです。

また、その成功における挑戦の実態がどのようなものであったかも、整然と説明することが難しいので、その重要部分が失われ「信じつづけて成功」という単純な表現だけが世にあふれて、誤解を重ねつづけているのです。そろそろ、創造性をしっかり語る時代にしたいと思います。

### 五つの知恵

最後に、「超常現象」の検討から得られた、日常生活にも活かせる知恵を五つにまとめました。

これを本書の結びとしたいと思います。

#### ①幽霊を生活に役立てる

恐怖や不安が伴う「怖い幽霊」は現代の私たちには必要ありません。すでに科学的にも説明がつくのですから、社会からの積極的な排除が望まれます。幸運を招くという精霊や、未来を見通すという霊感占いの類も、その効果を客観的に調べれば、多くは迷信にとどまるのです。

本当に有効な幽霊は個人的なものです。個人の夢や想像に現れ、その人に応じた的確な助言をする存在です。人によっては幽霊でなく、老賢人や仙人のような格好で現れたり、宇宙人や未来人の姿をしていたりしますが、それは自分の無意識によって形成されています。無意識は創造の過程をもつので、幽霊をうまく活用すると、無意識から価値ある成果を得ることができます。

### ②幽霊の人格は消えてもよい

無意識の働きが、幽霊のような人格をもった形で現れるのは、その方が自分の意識にとってわかりやすいからです。とくに意識と無意識の折り合いが悪いときは、何らかの他者と対話するという形式のほうが、素直に無意識の主張を受け入れられます。意識と無意識の協調がなされると、無意識の現れは、必ずしも人格をもつ必要がなくなります。意識と無意識が一体化したとも言えるでしょう。

無意識には貴重な創造性が宿っているので、それを意識的に方向づけたうえで、解決すべき課題を投げかけてください。幽霊として現れなくとも、創造的な結果が現れてくるようになれば、無意識が陰で働いていると、感謝すべきなのです。

### ③多様な存在を段階的に認める

幽霊は存在するかしないか、超能力はあるかないかなど、二者択一の思考からは脱却しましょう。私たちが現実と普段呼んでいるものも、じつは不確実なことが多く、唯一無二ではないのです。不確実なものは、白黒つける必要がなければ、将来の判断に委ねる方が賢明なのです。

物事の存在の形態も、心理的存在、社会的存在、物理的存在と段階的で多様です。私たち人類の受け入れ度合いによって、心理的存在が社会的存在に、社会的存在が物理的存在へと昇格していきます。もし、「存在しているかどうか」「どのように存在しているか」を決めないと、どうしても気持ち悪いというのであれば、その気持ち悪さの根源を自問してみましょう。解消すべき隠れた自分の問題が見えてくるにちがいありません。

### ④超能力や霊能力の類は創造的な実績で判断する

ＥＳＰやＰＫなどの超能力は、科学的方法で研究されており、実験データの検証の結果、少なくともその一部では「現代物理学では説明できない何らかの現象が起きているらしい」と確認されています。しかし、その効果はわずかであり、今のところ、安定して発揮される現象と見なせる状態にはありません。

おまけに、これまで確認されたような超能力現象が起きたとしても、不正確で役に立ちません。ですので、超能力を身につけようと努力したり、超能力者を自称する人に頼ったりすることは、ほとんど無益な試みです。もちろんそれは霊的な能力についても同様です。

今のところ唯一見込みがあるのは、創造性です。創造は小さな頻度でも成功すれば、大きな利益が個人としても社会としても得られます。ゆえに、超能力を身につけるのではなく、創造性を発揮するように努力することこそが重要に思います。超能力者や霊能者を自称する人にも、社会的な成果を生み出してほしいと要求するのがよいのです。

### ⑤日ごろから「意味」のレベルに注目する

現在の科学的世界観は、歴史的に自然科学の影響が強く現れており、機械的な人間理解が中心になっています。人間の自由意志、目的や意図、そして創造性なども、これまで「ある」と思われていただけで、本当は「ない」ものだとされつつあります。しかし、それでは人間の価値が不当におとしめられている感じが否めません。

生物や人類の進化の歴史を注意深く振り返れば、そこには創造性が関与している証拠を見いだすことができるでしょう。宗教のように創造性の根源を神に帰することなく、私たち自身の目的や意図が実現される過程として、創造性は将来、合理的に説明されるはずです。

この過程は、日常的にも生活の随所で働いているにちがいありません。創造的な成果を得るには、日常の出来事の背景を、機械的な因果連鎖として見るのに加えて、夢の分析と同様の意味的な連関としてとらえるのが肝要です。ここでこうした出来事が起きるということは、何を象徴的に意味しているのだろうと省みるのです。

創造性は人類にとってきわめて貴重な機能ですので、右のような知恵をもとに、多くの人々がその機能のあり様を知って、さらに活用していくことが期待されます。しかし、その流れを抑制する社会的な壁も一方であります。創造性というのは、結果として「新しいものをもたらす機能」ですが、それはときに、古いものと競合します。社会が安定化していればいるほど、新しいものは拒まれる傾向があるのはご存知の通りです。

ところが現代は、変化の激しい時代となっています。好奇心が強く、創造性の高い人々を増やさなければ、変化に対応した社会変革が成しとげられません。セレンディピティを身につける個人の努力もさることながら、その社会的支援も欠くことができないはずです。なにしろ、個人が有する多くの能力のうち、どの能力が発揮されるかは、その人がおかれた社会的な環境に大きく左右されるのですから。

ビジネスの世界では、しばしば「会社の生き残りをかけた改革」という標語が掲げられますが、組織改革に必要なのも、やはり創造的な発想です。それをひき出すには、まずは創造性を阻む壁を組織から一掃する必要があります。成功を急ぐあまり、「カビに汚染された培養皿」を、誰もが「失敗した実験」とみなすようでは、改革は望めません。失敗を許容し、失敗をくり返して練習が積まれた暁には、もうそろそろ成功の時期が来るころだ、と予感できるにちがいないのです。

安定化した社会では、古いものと競合する創造的な発想は、かろうじて社会の周縁で芽生えるものですから、周縁へと目を向ける社会的な仕組みの構築も強く望まれます。幽霊体験や超常現象を「オカルトだ」などと一笑に付すことなく、社会に役立てていきたいものです。

# おわりに

本書を書くきっかけとなったのは、昨年の夏、「新潮45」誌で「超心理学」をテーマに行ったビートたけしさんとの対談でした。ビートたけしさんは、超常現象を扱う番組への出演経験も豊富なだけに、超常現象にまつわるいかがわしさも、超心理学の研究対象のことも、ともによく理解されていて、そのお話はたいへん示唆に富むものでした。

とくに驚かされたのは、映画監督としての仕事などのため、ふだんからカメラ視点で全体の構図を捉え、演技中の自身をも俯瞰視しているご経験から、「幽体離脱」は脳の認識機能によるものだと、体験的にこの現象の本質をつかまれていたことです。

私はこうした対談を通して、ビートたけしさんのような才能ある方々が発揮する「創造性」と「超心理学」の関係をあらためて整理し、超常体験の一部が、日常生活に活用できる可能性があることを明確にしたいと考えたのです。

もちろん、超常現象をむやみに受け入れると、霊感商法やカルト宗教などの社会問題を助長するのですから、しっかりと科学的な説明がつくまでは、やみくもな信念にはブレーキをかけ、科学のさらなる進展を待つことが期待されます。

しかし一方で、一部の超常現象については、「半」の部で紹介したように、現象の存在を示唆する科学的な実験データが依然として積み重ねられているのも事実です。もとより、それが超能力によるものであるかどうかには、いまだに謎が残されていますが、そこに日常的な生活の上でも価値ある利用法を見いだすことができれば、この分野の研究も飛躍的に発展できると私は考えています。

こうした科学的研究は、現象をそのまま受け入れたり信じたりせずに、つねに中立的な立場から行うものです。この取り組み姿勢が、社会一般にもっと理解されることを望んでいます。そして、創造性を介して、超常現象を広く通常の現象と接続して捉えられれば、この分野に大手を振って多くの研究者が参入できることでしょう。本書がその第一歩となれば幸いです。

最後になりましたが、序章で述べたように、本書は「はん幽霊論研究会」の成果を集約したものです。研究会の議論に参画いただいた方々に、厚くお礼を申し上げます。

平成二十六年四月

石川幹人

# 参考文献一覧

## 「反」の部

石川幹人『人はなぜだまされるのか　―進化心理学が解き明かす「心」の不思議』（講談社ブルーバックス、２０１１年）
リチャード・ワイズマン『超常現象の科学　―なぜ人は幽霊が見えるのか』（木村博江訳、文藝春秋、２０１２年）
ジェシー・ベリング『ヒトはなぜ神を信じるのか　―信仰する本能』（鈴木光太郎訳、化学同人、２０１２年）
菊池聡『なぜ疑似科学を信じるのか　―思い込みが生みだすニセの科学』（ＤＯＪＩＮ選書、２０１２年）
渡辺恒夫『人はなぜ夢を見るのか　―夢科学四千年の問いと答え』（ＤＯＪＩＮ選書、２０１０年）
蛭川立『精神の星座　―内宇宙飛行士の迷走録』（サンガ、２０１１年）
ケヴィン・ネルソン『死と神秘と夢のボーダーランド　―死ぬとき、脳はなにを感じるか』（小松淳子訳、インターシフト、２０１３年）

「半」の部

石川幹人『超心理学　―封印された超常現象の科学』（紀伊國屋書店、2012年）
ウィルソン・ヴァン・デュセン『霊感者スウェデンボルグ　―その心理学的・心霊科学的探究』（今村光一訳、サンマーク文庫、1998年）
ステイシー・ホーン『超常現象を科学にした男　―J・B・ラインの挑戦』（石川幹人監修、ナカイサヤカ訳、紀伊國屋書店、2011年）
ディーン・ラディン『量子の宇宙でからみあう心たち　―超能力研究最前線』（竹内薫監修、石川幹人訳、徳間書店、2007年）
モンタギュー・ウルマン他『ドリーム・テレパシー　―テレパシー夢・ESP夢・予知夢の科学』（井村宏次監訳、神保圭志訳、工作舎、1987年）
ウィリアム・G・ロール『恐怖のポルターガイスト』（坂斉新治訳、ボーダーランド文庫、1998年）
笠原敏雄編『超常現象のとらえにくさ』（春秋社、1993年）
森達也『職業欄はエスパー』（角川文庫、2002年）
F・D・ピート『シンクロニシティ』（管啓次郎訳、朝日出版社、1989年）
湯浅泰雄著訳『ユング超心理学書簡』（白亜書房、1999年）
C・G・ユング『空飛ぶ円盤』（松代洋一訳、朝日出版社、1976年）

「汎」の部

石川幹人『人間とはどういう生物か　―心・脳・意識のふしぎを解く』（ちくま新書、２０１２年）
ミハリー・チクセントミハイ『フロー体験　―喜びの現象学』（今村浩明訳、世界思想社、１９９６年）
R・M・ロバーツ『セレンディピティー　―思いがけない発見・発明のドラマ』（安藤喬志訳、化学同人、１９９３年）
黒田正典編『創造性の心理学』（朝倉書店、１９７１年）
羽生善治他『先を読む頭脳』（新潮社、２００６年）
菱谷晋介編著『イメージの世界　―イメージ研究の最前線』（ナカニシヤ出版、２００１年）
菊池誠『科学と神秘のあいだ』（筑摩書房、２０１０年）

石川幹人　1959（昭和34）年東京生まれ。東京工業大学理学部卒。松下電器産業（現パナソニック）で人工知能などの研究に従事した後、明治大学情報コミュニケーション学部教授。専門は、認知情報論、科学基礎論。博士（工学）。

Ⓢ新潮新書

571

「超常現象《ちょうじょうげんしょう》」を本気《ほんき》で科学《かがく》する

著　者　石川幹人《いしかわまさと》

2014年5月20日　発行
2014年6月10日　3刷

発行者　佐藤隆信

発行所　株式会社新潮社

〒162-8711　東京都新宿区矢来町71番地
編集部(03)3266-5430　読者係(03)3266-5111
http://www.shinchosha.co.jp

印刷所　錦明印刷株式会社

製本所　錦明印刷株式会社


ISBN978-4-10-610571-5　C0211

価格はカバーに表示してあります。